改訂版

伊東信夫 著
金子都美絵 絵

白川静文字学に学ぶ

漢字 なりたちブック 3年生

太郎次郎社エディタス

この本《ほん》を読《よ》んでくれるみなさんへ

この本《ほん》は、小学校《しょうがっこう》三年生《さんねんせい》でならう漢字《かんじ》二百字《にひゃくじ》の、なりたちと使《つか》いかたを説《せつ》明《めい》した本《ほん》です。

漢字《かんじ》は、いまから三千三百年《さんぜんさんびゃくねん》ほどまえに、中国語《ちゅうごくご》をあらわす文字《もじ》として生《う》まれ、以来《いらい》、ずっと生《い》きつづけてきた文字《もじ》です。なにしろ、三千年以上《さんぜんねんいじょう》も生《い》きつづけたのですから、とちゅうでその意味《いみ》をまちがって使《つか》ったこともあります。

しかし、ごく最近《さいきん》、日本《にほん》の漢字学者《かんじがくしゃ》である白川静博士《しらかわしずかはかせ》という人《ひと》が、漢字《かんじ》のもともとの意味《いみ》と、その使《つか》いかたを正確《せいかく》に説明《せつめい》することに成功《せいこう》し、それを、『字統《じとう》』『字訓《じくん》』『字通《じつう》』（平凡社《へいぼんしゃ》）という三冊《さんさつ》の漢字字典《かんじじてん》にのこしてくれました。

『漢字《かんじ》なりたちブック』は、その、白川博士《しらかわはかせ》の説明《せつめい》に学《まな》んでつくったものです。

この本《ほん》は、三年生《さんねんせい》の漢字《かんじ》を、音読《おんよ》みの五十音順《ごじゅうおんじゅん》にならべてつくってあります。日本《にほん》の漢字字典《かんじじてん》は、日本語《にほんご》の五十音《ごじゅうおん》の順《じゅん》にならべたほうが使《つか》いやすいからです。これも、白川博士《しらかわはかせ》の漢字字典《かんじじてん》のつくりかたに学《まな》んだものです。

このシリーズの「二年生版《にねんせいばん》」では、同《おな》じ部分《ぶぶん》をもつ「なかまの漢字《かんじ》」の話《はなし》をしました。三年生《さんねんせい》の漢字《かんじ》にも、なかまの漢字《かんじ》が多《おお》くでてきます。
それは、氵（さんずい）や亻（にんべん）などの字《じ》だけではありません。
たとえば、
主《しゅ》・住《じゅう》・注《ちゅう》・柱《ちゅう》
族《ぞく》・遊《あそーぶ》・旅《たび》
などは、同《おな》じ部分《ぶぶん》をもっていますが、どんな関係《かんけい》の字《じ》なのでしょうか。また、
育《そだーつ》・期《き》・祭《まつーり》・消《けーす》・勝《かーつ》・服《ふく》・有《あーる》
などは、みな「月《つき》」の形《かたち》をもっていますが、はたしてこれは、みんな空《そら》の月《つき》の意味《いみ》なのでしょうか。それとも、ちがう意味《いみ》なのでしょうか。
本文《ほんぶん》を見《み》て、考《かんが》えてみてください。
この本《ほん》は、ぜひ、おとうさん、おかあさん、先生《せんせい》がたも見《み》てください。おじいさん、おばあさんも、いっしょにごらんください。
さあ、三千年《さんぜんねん》も生《い》きてきた、漢字《かんじ》の世界《せかい》へでかけましょう。

伊東信夫《いとうしのぶ》

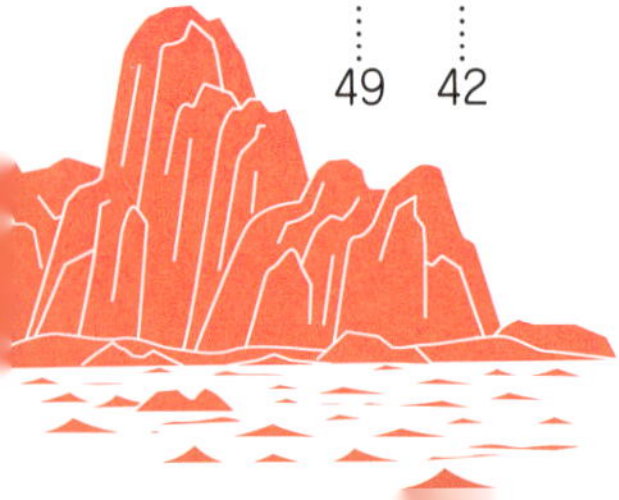

サ

ハ

マ

ヤ

この本《ほん》の見方《みかた》

★訓《くん》よみ

★主役《しゅやく》のかん字《じ》

★音《おん》よみ

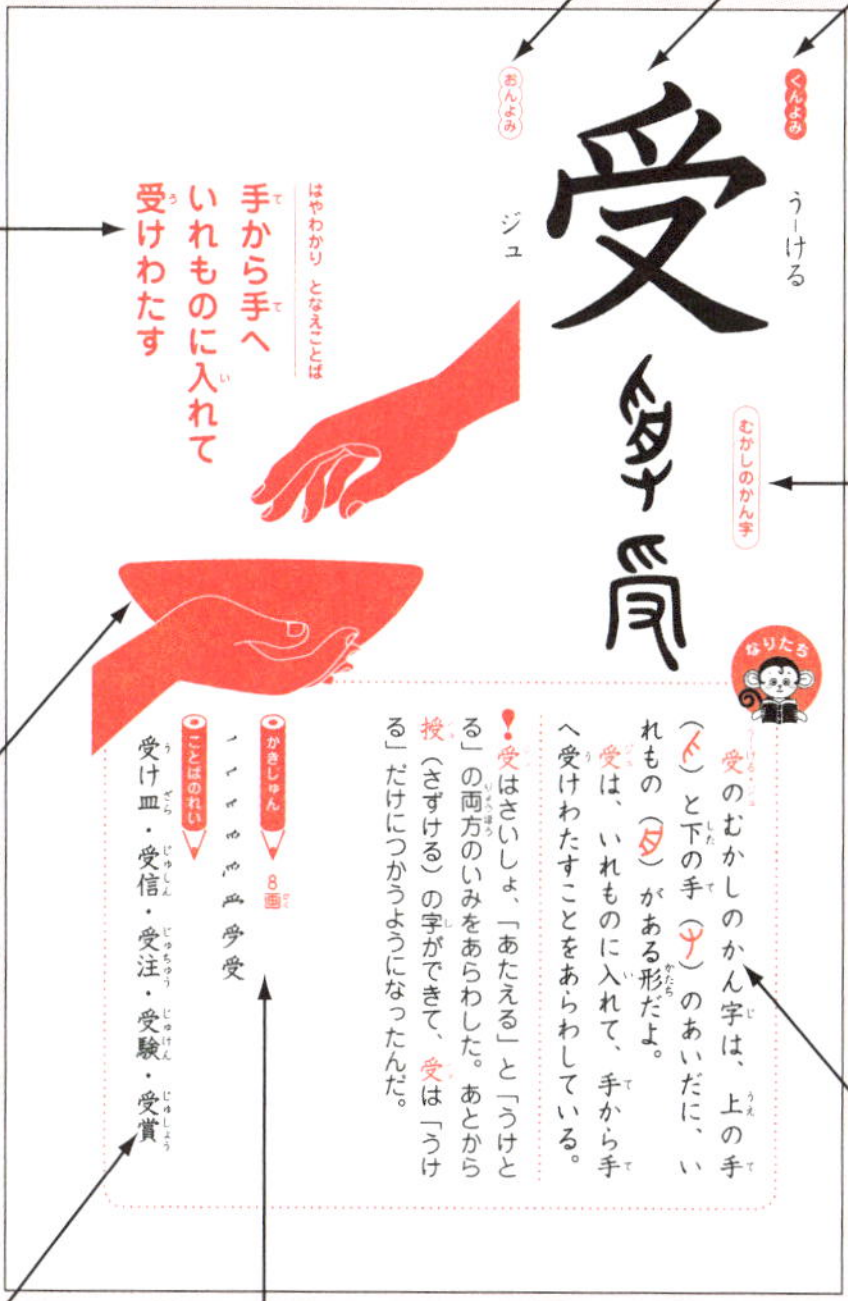

★むかしのかん字《じ》

絵《え》のようにかいた、むかしのかん字《じ》。絵《え》と、いまのかん字《じ》とのあいだの形《かたち》。

★はやわかり　となえことば

なりたちをラクラクおぼえられるよ。声《こえ》にだしてみよう。

★絵《え》

かん字《じ》のもとになった、形《かたち》やようすをあらわしているよ。

★なりたち

そのかん字《じ》のなりたちをせつめいしているよ。

❗マークのところは、つながりのある字《じ》のせつめいや、知《し》っているとやくにたつこと。

★画数《かくすう》

★書《か》きじゅん

★ことばのれい

そのかん字《じ》がつかわれていることば。

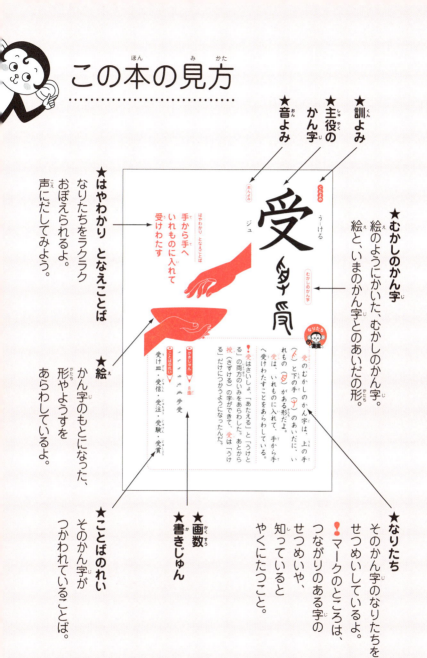

板皮悲美鼻筆氷表秒病品

負部服福物平返勉放味命

面問役薬由油有遊予羊洋

葉陽様落流旅両緑礼列練

路和

小学校3年生でならうかん字（200字）

悪	安	暗	医	委	意	育	員	院	飲	運
泳	駅	央	横	屋	温	化	荷	界	開	階
寒	感	漢	館	岸	起	期	客	究	急	級
宮	球	去	橋	業	曲	局	銀	区	苦	具
君	係	軽	血	決	研	県	庫	湖	向	幸
港	号	根	祭	皿	仕	死	使	始	指	歯
詩	次	事	持	式	実	写	者	主	守	取
酒	受	州	拾	終	習	集	住	重	宿	所
暑	助	昭	消	商	章	勝	乗	植	申	身
神	真	深	進	世	整	昔	全	相	送	想
息	速	族	他	打	対	待	代	第	題	炭
短	談	着	注	柱	丁	帳	調	追	定	庭
笛	鉄	転	都	度	投	豆	島	湯	登	等
動	童	農	波	配	倍	箱	畑	発	反	坂

𠙵《サイ》――神《かみ》さまとの対話《たいわ》

大自然《だいしぜん》には、人間《にんげん》の力《ちから》では変《か》えることのできない、多《おお》くのことがおこっている。

太陽《たいよう》は東《ひがし》からのぼり、西《にし》へとしずんでいく。春《はる》になればいっせいに花々《はなばな》が開《ひら》き、川《かわ》は、かならず、高《たか》いところから低《ひく》いほうに流《なが》れる。これらのことがらは、いつも同《おな》じようにおこり、一度《いちど》たりともくるうことはない。

この、規則的《きそくてき》にくりかえす大《おお》きな力《ちから》をもつものが「神《かみ》」だろうと、古代《こだい》の人《ひと》びとは考《かんが》えていた。しかし、そのすがたを目《め》で見《み》ることはできず、その声《こえ》を耳《みみ》で聞《き》きとることもでき

ない。

それでも人間《にんげん》は、神《かみ》に祈《いの》り、そして願《ねが》い、訴《うった》える必要《ひつよう》があった。自然《しぜん》も、いのちも、人《ひと》の力《ちから》ではどうすることもできないものだからだ。

漢字《かんじ》をつくりだした古代中国《こだいちゅうごく》の人《ひと》びとは、見《み》えない神《かみ》に祈《いの》るための道具《どうぐ》として、「𠙵《サイ》」というものを考《かんが》えついた。

それはふたつきの器《うつわ》。祈《いの》りのことばを書《か》き、その器《うつわ》にこめて、そなえた。そして、𠙵《サイ》をそなえておくと、暗闇《くらやみ》のなかにかすかな音《おと》で、神《かみ》の応答《おうとう》があると、古代《こだい》の人《ひと》は考《かんが》えた。

その、神《かみ》の応答《おうとう》をあらわす漢字《かんじ》が「音《おと》」（音）。曰のなかの一画《いっかく》（一）が、応答《おうとう》のしるし。「闇《やみ》」という漢字《かんじ》のなかにも、「音《おと》」がある。

三千年前《さんぜんねんまえ》の古代文字《こだいもじ》

★うらないのことばを、カメのこうらや、けもののほねにきざんだ文字《もじ》（甲《こう》骨文字《こつもじ》）。いちばん古《ふる》いかん字《じ》の形《かたち》。

★青銅器《せいどうき》にきざまれた文字《もじ》（金文《きんぶん》）。祭《まつ》りや儀式《ぎしき》につかった金属《きんぞく》のうつわの内《うち》がわに、文字《もじ》がほってある。

かなえ

盤《ばん》

※写真《しゃしん》は福井県立図書館《ふくいけんりつとしょかん》より

音《おん》よみが「ア行《ぎょう》」のかん字《じ》

ア

くんよみ

悪

わる-い

おんよみ

アク・（オ）

はやわかり　となえことば

地下室《ちかしつ》の
おはかに
入《はい》れば
気味《きみ》が悪《わる》い

むかしのかん字

なりたち

暗《くら》くて、ひんやりとした地下室《ちかしつ》。それが、おはかだったとしたら？　ちょっと気味《きみ》がわるいね。

悪《わる-い・アク》の、もとの字《じ》は惡。亞《ア》（亜）は、おはかのある地下室《ちかしつ》の形《かたち》なんだ。

それに心《こころ》がついた悪《アク》の字《じ》は、人《ひと》が死《し》んだときのような、不幸《ふこう》なことがあったときの気《き》もちをあらわしている。

かきじゅん　11画《かく》

ことばのれい

悪口《わるぐち》・悪者《わるもの》・悪気《わるぎ》・悪人《あくにん》・悪運《あくうん》・罪悪《ざいあく》・善悪《ぜんあく》・悪寒《おかん》

安

くんよみ　やす‐らか・やす‐い

おんよみ　アン

むかしのかん字

はやわかり　となえことば

女《おんな》の人《ひと》が　おまいりをして　安《やす》らかだ

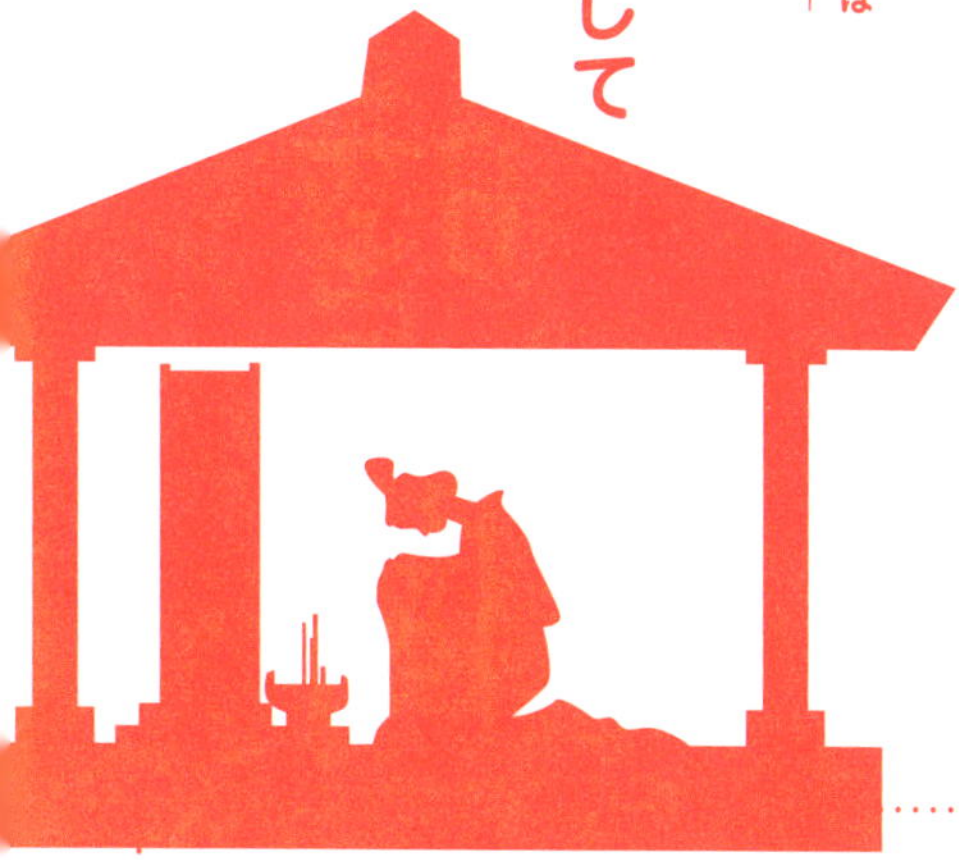

なりたち

むかし、およめにきた女《おんな》の人《ひと》は、新《あたら》しい家《いえ》のお宮《みや》におまいりをして、安心《あんしん》してくらせるように、いのった。安《やす‐らか・アン》は、それをあらわした形《かたち》。宀（うかんむり）と女《おんな》をあわせた字《じ》だよ。宀（うかんむり）は、先祖《せんぞ》をまつるたてものをあらわしている。「やすらか」というのが、安《アン》のもとのいみ。

かきじゅん　6画《かく》

丶 丷 宀 宊 安 安

ことばのれい

安《やす》らか・安売《やすう》り・目安《めやす》・安心《あんしん》・安全《あんぜん》・安定《あんてい》・安産《あんざん》・不安《ふあん》・大安《たいあん》

くんよみ　くら-い

おんよみ　アン

暗

むかしのかん字

暗　闇（闇）

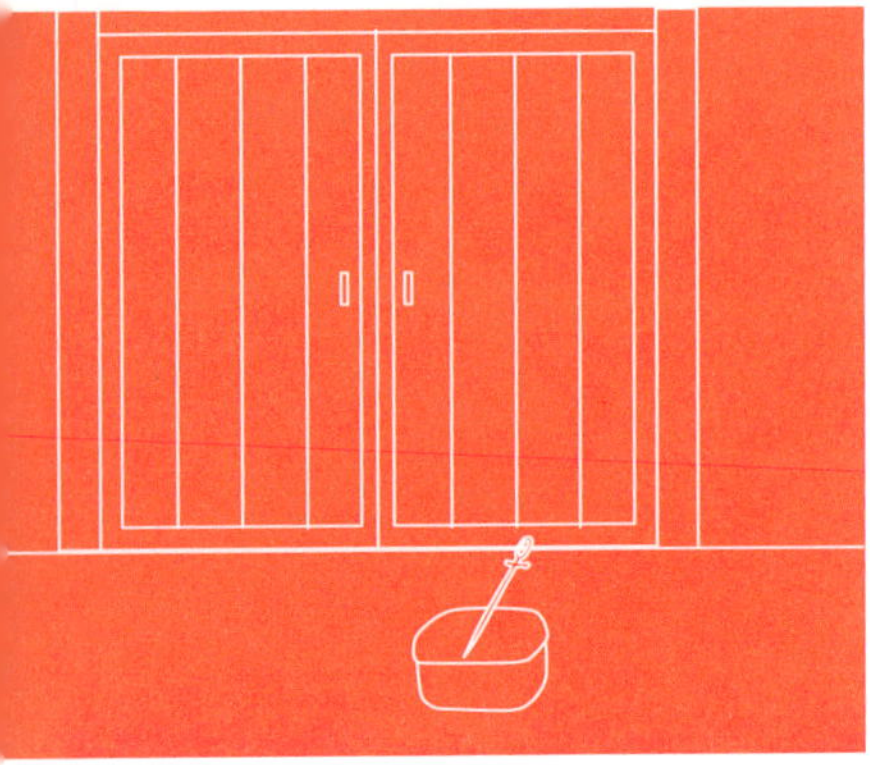

はやわかり　となえことば

暗《くら》やみに　かすかな音《おと》の　するかたち

なりたち

暗《くら-い・アン》の、もとの字《じ》は闇《アン》。

闇《アン》は、先祖《せんぞ》をまつるお宮《みや》（みたまや）の門《もん》から音《おと》がすることをあらわした形《かたち》。ねがいごとに、神《かみ》さまがこたえたしるしの音《おと》なんだ。

その音《おと》がするのは、くらい夜中《よなか》だけ。だから、闇《アン》は、「やみ」「くらい」といういみにつかわれる。

やがて、「くらい」には、日《ひ》のつく暗《アン》がつかわれるようになった。

かきじゅん　13画《かく》

丨 冂 日 日 日' 旷 旷 昈 暗 暗 暗 暗 暗

ことばのれい

暗《くら》がり・暗闇《くらやみ》・真《ま》っ暗《くら》・暗号《あんごう》・暗示《あんじ》・暗記《あんき》・暗算《あんざん》・暗唱《あんしょう》・明暗《めいあん》

医

くんよみ

おんよみ　イ

むかしのかん字

はやわかり　となえことば

矢《や》をつかい　病気《びょうき》をはらう　まじないの医《い》

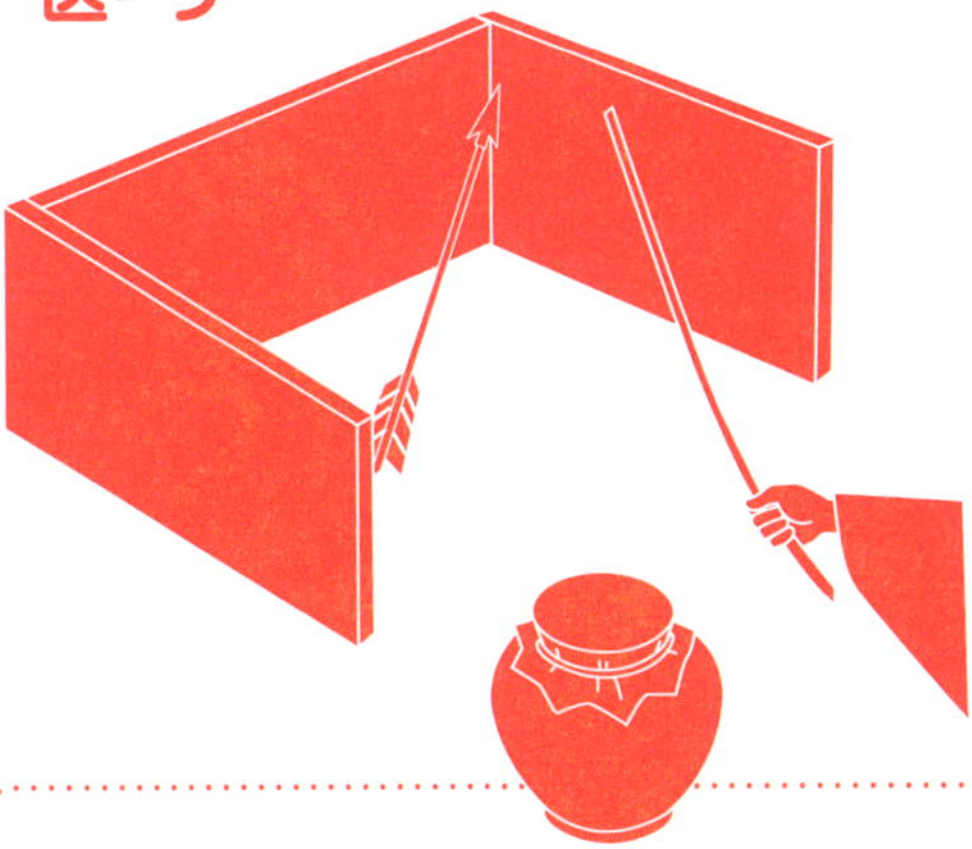

なりたち

むかしの人《ひと》は、病気《びょうき》を悪霊《あくりょう》のしわざだと考《かんが》えていた。だから、病気《びょうき》をなおすために、まじないやおはらいをした。医《い》は、ひみつの場所《ばしょ》（匸）で矢《や》を打《う》って、病気《びょうき》をはらうまじないをあらわした形《かたち》。医《い》の、もとの字は醫。酉《（ゆう）》は、酒《さけ》を入《い》れるかめ。むかし、消毒薬《しょうどくやく》に酒《さけ》をつかったんだね。

かきじゅん

一　丆　𠂉　𠂎　𠂤　矢　医

7画《かく》

ことばのれい

医者《いしゃ》・医院《いいん》・医学《いがく》・医師《いし》・外科医《げかい》・内科医《ないかい》・主治医《しゅじい》・名医《めいい》

くんよみ

ゆだ-ねる

委

おんよみ

イ

むかしのかん字

はやわかり　となえことば

イネ（禾）をかぶって
おどる女《おんな》のすがたが委《い》

なりたち

イネのかぶりものをかぶって、女《おんな》の人《ひと》がおどっている。お米《こめ》がたくさん実《みの》る豊年《ほうねん》をいのるお祭《まつ》りだ。

委《イ》は、そのすがたからできた字《じ》で、イネをあらわす禾《(か)》と、女《おんな》をあわせた形《かたち》。女《おんな》の人《ひと》は、しなやかに、もたれるようにおどったので、委《イ》には「まかせる」「ゆだねる」といういみがある。

！イネをかぶっておどる男《おとこ》の人《ひと》は、年《ねん》の字《じ》で、子《こ》どもは季《き》だよ。

かきじゅん　8画《かく》

ことばのれい

委員《いいん》・委任《いにん》・委細《いさい》

くんよみ

意

おんよみ

イ

むかしのかん字

はやわかり　となえことば

かすかな音《おと》に
心《こころ》をよせて
意味《いみ》を知《し》る

なりたち

むかしの人《ひと》は、だいじなことをきめるとき、「神《かみ》さま、どうでしょうか」とたずねた。

意《イ》は、音《おと》と心《こころ》とを組《く》みあわせた形《かたち》。

音《おと》は、人《ひと》のいのりや問《と》いかけに、神《かみ》がこたえること。

その音《おと》を聞《き》いて、人《ひと》は、「神《かみ》さまの心《こころ》は、きっとこうなんだな」と、その意味《いみ》を考《かんが》えた。それが意《イ》のなりたち。

かきじゅん

13画《かく》

ことばのれい

意味《いみ》・意見《いけん》・意志《いし》・意図《いと》・意外《いがい》・決意《けつい》・注意《ちゅうい》・得意《とくい》・合意《ごうい》

育

くんよみ　そだ-つ　はぐく-む

おんよみ　イク

むかしのかん字

はやわかり　となえことば

生《う》まれた子《こ》に肉《にく》(月)がついて育《そだ》つ

なりたち

育《そだ-つ・イク》は、𠫓《（とつ）》と月（にくづき）とを組《く》みあわせた形《かたち》。

𠫓《（とつ）》は、子《こ》どもがさかさまになっている形《かたち》で、生《う》まれてくる子《こ》どもをあらわしている。むかしのかん字《じ》を見《み》ると、よくわかるよ。

月《つき》は、ここでは、肉《にく》をあらわす形《かたち》。

育《イク》は、子《こ》どもが生《う》まれて、だんだん育《そだ》っていくことをあらわした字《じ》だ。

かきじゅん　8画《かく》

丶 亠 𠫓 𠫓 育 育 育 育

ことばのれい

子育《こそだ》て・育児《いくじ》・育成《いくせい》・体育《たいいく》・保育《ほいく》・教育《きょういく》・飼育《しいく》・養育《よういく》

くんよみ

員

おんよみ

イン

むかしのかん字

はやわかり　となえことば

まるいうつわの数《かず》をあらわす員《いん》の文字《もじ》

なりたち

員《イン》の、むかしのかん字《じ》を見《み》てごらん。「かなえ」という、あしのあるうつわの形《かたち》だよ。○は、まるいことのしるし。さいしょ、員《イン》は、「まるい」といういみの字《じ》だった。

それが、かなえを数《かぞ》えるのにつかわれて、ものの数《かず》を数《かぞ》えたり、数《かぞ》えられる人《ひと》をあらわす字《じ》になった。

！まるい円《えん》の、もとの字《じ》は圓。員《イン》にかこみをつけて、まるいことをあらわした。

かきじゅん　10画《かく》

ことばのれい

会員《かいいん》・店員《てんいん》・社員《しゃいん》・全員《ぜんいん》・定員《ていいん》

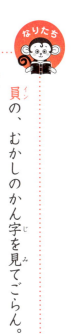

くんよみ

院

おんよみ

イン

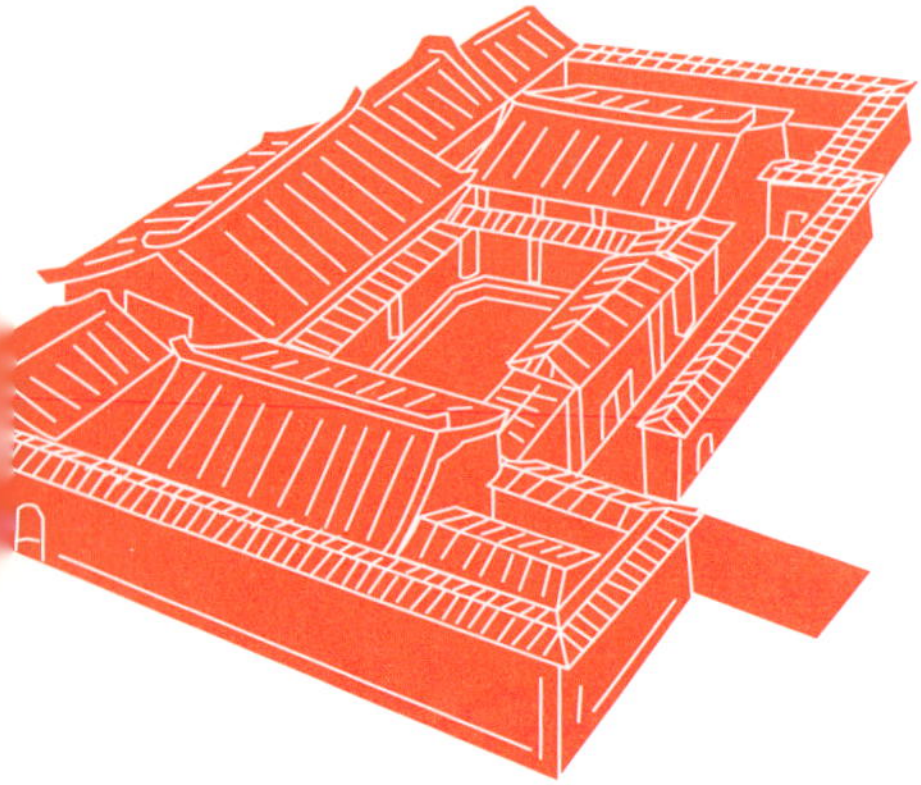

むかしのかん字

はやわかり　となえことば

みんなで
つかう
たてもの
あらわす
院《いん》の文字《もじ》

なりたち

院《イン》は、かきねのあるたてものをあらわした字《じ》。わりと新《あたら》しくつくられた字《じ》だそうだ。宮殿《きゅうでん》や学校《がっこう》、お寺《てら》など、多《おお》くの人《ひと》がつかうたてものをあらわした。院《イン》は、阝（こざとへん）と完《カン》とに分《わ》けられるよ。

かきじゅん

10画《かく》

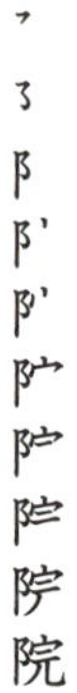

ことばのれい

院長《いんちょう》・院政《いんせい》・病院《びょういん》・入院《にゅういん》・寺院《じいん》・書院《しょいん》・大学院《だいがくいん》・参議院《さんぎいん》・衆議院《しゅうぎいん》

くんよみ　のーむ

飲

おんよみ　イン

はやわかり　となえことば

人《ひと》が口《くち》あけ　かめに入《はい》った　さけを飲《の》む

むかしのかん字

なりたち

飲《のーむ・イン》の、右《みぎ》がわの欠《けつ(けん)》は、人《ひと》が口《くち》をあけている形《かたち》なんだ。左《ひだり》の食は、もともとは、お酒《さけ》の入《はい》ったかめに、ふたをした形《かたち》だった。だから、飲《イン》は、かめからお酒《さけ》を飲《の》もうとしている人《ひと》のようすをあらわした字《じ》。

！飲《のーむ・イン》のむかしのかん字《じ》には、こんなのもあるよ。

かきじゅん　12画《かく》

ノ　𠆢　亽　今　今　今　𩙿　食　飠　飣　飲　飲

ことばのれい

飲《の》み物《もの》・飲酒《いんしゅ》・飲食《いんしょく》・飲料水《いんりょうすい》

運

くんよみ　はこ-ぶ

おんよみ　ウン

むかしのかん字

はやわかり　となえことば

車《くるま》にはた立《た》て
軍《くん》をうごかす
運《うん》の文字《もじ》

なりたち

運《はこーぶ・ウン》は、軍《グン》と辶（しんにょう）。辶は、「行《い》く」「すすむ」といういみをあらわす形《かたち》だよ。

軍《ぐん》は、車《くるま》の上《うえ》に旗《はた》がなびいている形《かたち》。軍《ぐん》を指揮《しき》する将軍《しょうぐん》の馬車《ばしゃ》だ。

将軍《しょうぐん》は、旗《はた》をたてた車《くるま》にのって、軍《ぐん》隊《たい》をうごかした。そこから、運《ウン》は、「うごくこと」「はこぶこと」「かけめぐること」のいみにつかわれる。

かきじゅん

12画《かく》

ことばのれい

筆運《ふではこ》び・運動《うんどう》・運転《うんてん》・運河《うんが》・運送《うんそう》・運行《うんこう》・運命《うんめい》・幸運《こううん》・不運《ふうん》

くんよみ

泳

およ-ぐ

おんよみ

エイ

むかしのかん字

はやわかり　となえことば

ながれる
水《みず》でも
すいすい泳《およ》ぐ

なりたち

泳《およ-ぐ・エイ》は、「水泳《すいえい》」の泳《エイ》で、「およぐ」といういみの字《じ》だね。氵（さんずい）に永《エイ》と書《か》く。
永《エイ》は、川《かわ》が合流《ごうりゅう》して、いきおいよくながれる形《かたち》。
だから、泳《エイ》のもともとのいみは、ながれのはやい川《かわ》で泳《およ》ぐこと。

かきじゅん　8画《かく》

ことばのれい

平泳《ひらおよ》ぎ・背泳《せおよ》ぎ・立《た》ち泳《およ》ぎ・泳法《えいほう》・水泳《すいえい》・遠泳《えんえい》・競泳《きょうえい》

くんよみ

駅

おんよみ

エキ

はやわかり　となえことば

馬《うま》でゆく
道《みち》の
とちゅうに
できた駅《えき》

むかしのかん字

驛
（驛）

なりたち

むかしは、長《なが》い道《みち》のりを馬《うま》にのって移動《いどう》した。その道《みち》のとちゅうには、人《ひと》がとまる宿《やど》ができ、馬《うま》をのりかえる「うまや」もできた。それが、駅《エキ》のなりたち。
駅《エキ》の、もとの字《じ》は驛。駅《エキ》のもともとのいみは、長《なが》くつづく道《みち》のところどころにできた、うまやのこと。

かきじゅん　14画《かく》

丨 冂 冋 戸 戸 馬 馬 馬 馬 馬 馬 馬 駅 駅

ことばのれい

駅伝《えきでん》・駅前《えきまえ》・駅員《えきいん》・駅舎《えきしゃ》・駅長《えきちょう》・駅弁《えきべん》・始発駅《しはつえき》・終着駅《しゅうちゃくえき》

くんよみ

央

おんよみ
オウ

むかしのかん字

はやわかり となえことば

首《くび》かせを
つけてる人《ひと》の
かたちが央《おう》

なりたち

央《オウ》は、人《ひと》が、「首《くび》かせ」をかけられたすがたからできた字《じ》だ。首《くび》かせは、自由《じゆう》をうばう道具《どうぐ》。

首《くび》かせをつけられた人《ひと》は、まん前《まえ》しか見《み》ることができない。それで、「中《ちゅう》央《おう》」の央《オウ》につかわれるようになったのだろう。

かきじゅん
丨 冂 口 央 央
5画《かく》

ことばのれい
中央《ちゅうおう》・震央《しんおう》

横

くんよみ　よこ

おんよみ　オウ

むかしのかん字

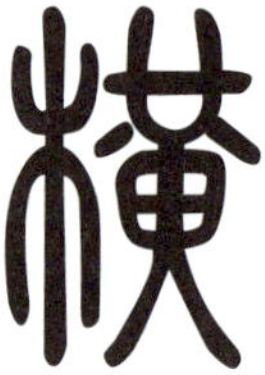

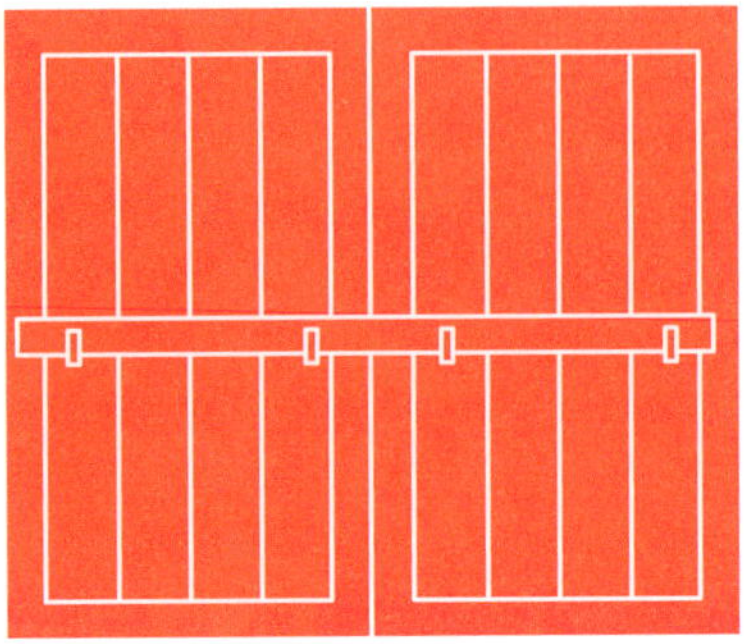

はやわかり　となえことば

門《もん》をとじる　かんぬき　あらわす　横《よこ》の文字《もじ》

なりたち

横《よこ・オウ》は、木（きへん）と黄《コウ・オウ》。横《オウ》は、門《もん》のとびらをしめる、「かんぬき」という木《き》のぼうをあらわした字《じ》だ。

門《もん》のかんぬきは、よこになっているから、横《オウ》は「よこ」のいみにつかわれるようになった。

黄《コウ・オウ》は、音《おん》をあらわすぶぶん。

かきじゅん　15画《かく》

横

ことばのれい

横目《よこめ》・横顔《よこがお》・横町《よこちょう》・横文字《よこもじ》・横断《おうだん》・横転《おうてん》・横着《おうちゃく》・横暴《おうぼう》

くんよみ　や

屋

おんよみ　オク

むかしのかん字

はやわかり　となえことば

矢《や》をはなち　至《いた》ったところに　たてた小屋《こや》

なりたち

屋《や・オク》は、亡《な》くなった人《ひと》を、お骨《こつ》になるまでねかせておく小屋《こや》をあらわす字《じ》。お骨《こつ》にしてから、おはかにほうむった。

屋《オク》は、尸《し》と至《し》をあわせた形《かたち》だよ。

尸《し》は、死者《ししゃ》をあらわしている。

至《し》は、「矢《や》がいたりついたところ」をあらわす形《かたち》。

古代《こだい》の中国《ちゅうごく》では、だいじなたてものをたてるときには、矢《や》をはなって、たてる場所《ばしょ》をえらんだのだという。

かきじゅん　9画《かく》

ことばのれい

屋根《やね》・部屋《へや》・魚屋《さかなや》・屋上《おくじょう》・屋内《おくない》

くんよみ　あたた-かい

おんよみ　オン

温

むかしのかん字

はやわかり　となえことば

うつわの
なかみが
ほかほか
していて
温《あたた》かい

なりたち

温《あたた-かい・オン》の、むかしのかん字《じ》を見《み》てごらん。右《みぎ》がわのは、うつわのなかに、ほかほかの、あたたかいものが入《はい》っている形《かたち》なんだ。

温《オン》は、ゆげのたつ、あたたかいものをあらわした形《かたち》の字《じ》。

かきじゅん　12画《かく》

、　⺀　氵　氵丨　氵冂　氵日　泪　泪　渭　湿　温　温

ことばのれい

温度《おんど》・温泉《おんせん》・温水《おんすい》・温室《おんしつ》・温暖《おんだん》・温和《おんわ》・気温《きおん》・体温《たいおん》

音《おん》よみが「カ行《ぎょう》」のかん字《じ》

おもしろいかん字《じ》の話《はなし》❶

むかしの車《くるま》は馬《うま》がひく

汽車《きしゃ》も、自動車《じどうしゃ》もなかった時代《じだい》には、馬《うま》が、くるまのようなものだった。

駅《えき》とは、馬《うま》をのりかえた「うまや」のこと。それで、駅《えき》の字《じ》には馬《うま》がある。

そして、車《くるま》のもともとのいみは、馬《うま》がひいた馬車《ばしゃ》のこと。いくさのとき、将軍《しょうぐん》や大将《たいしょう》は、馬車《ばしゃ》にのって軍隊《ぐんたい》を指揮《しき》した。

三年生《さんねんせい》のかん字《じ》のなかに、馬《うま》や馬車《ばしゃ》に関係《かんけい》する字《じ》が、いくつもあるよ。

（❶〜❸は、ならう学年《がくねん》）

馬《うま》 ❷

❸ 駅《えき》

軽《かる-い》 ❸

兵士《へいし》がのった馬車《ばしゃ》がかろやかに走《はし》った。

運《はこ-ぶ》 ❸

旗《はた》をたてた馬車《ばしゃ》にのって、将軍《しょうぐん》が軍《ぐん》をうごかすこと。

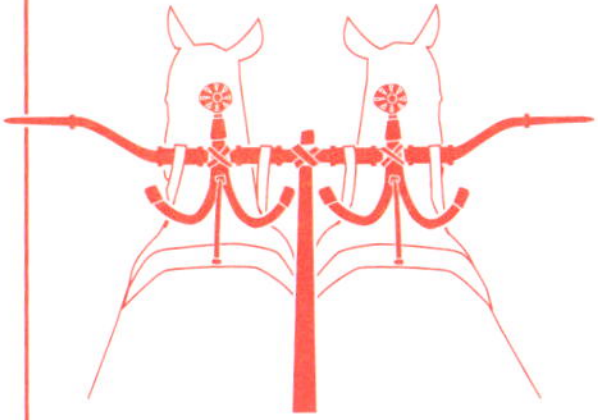

車《くるま》 ❶

庫《こ》 ❸

馬車《ばしゃ》をおさめたむかしの車庫《しゃこ》。

両《りょう》 ❸

二頭立《にとうだ》ての馬車《ばしゃ》に馬《うま》をつないだ「くびき」の形《かたち》。

くんよみ

ば‐ける

化

おんよみ

カ・(ケ)

むかしのかん字

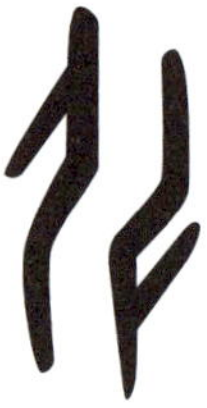

はやわかり　となえことば

人《ひと》ふたり　ひとりは　さかさま　化《ば》けるの字《じ》

なりたち

化《ばーける・カ》は、人《ひと》が死《し》ぬことをあらわした形《かたち》なんだ。

むかしのかん字《じ》を見《み》てごらん。人《ひと》のすがたが二《ふた》つあるよ。

は、人《ひと》(亻)。(匕《か》)は、さかさまになった人《ひと》。人《ひと》をさかさまに書《か》いて、死者《ししゃ》をあらわしている。

「生《い》きている人《ひと》が死者《ししゃ》にかわること」というのが、化《カ》のもともとのいみ。

かきじゅん

ノ　イ　亻　化

4画《かく》

ことばのれい

お化《ば》け・化学《かがく》・化石《かせき》・変化《へんか》・道化《どうけ》

くんよみ　に

荷

おんよみ　（カ）

むかしのかん字

はやわかり　となえことば

何《なん》の字《じ》に
くさかんむりで
荷物《にもつ》の荷《に》

荷《に・カ》の、もとの字《じ》は何《カ》。むかしのかん字《じ》は、人《ひと》がほこをかついでいるすがた。さいしょは、何《カ》が、「かつぐ」といういみだった。ところが、何《カ》は、「なに？」といういみにつかわれるようになって、「かつぐ」「になう」といういみには、荷《カ》の字《じ》がつくられた。何《カ》に艹（くさかんむり）をつけたんだ。

かきじゅん　10画《かく》

一　十　廾　艹　芢　芢　苻　荷　荷　荷

ことばのれい

荷物《にもつ》・荷台《にだい》・荷車《にぐるま》・荷造《にづく》り・重荷《おもに》・入荷《にゅうか》・出荷《しゅっか》

くんよみ

界

おんよみ

カイ

むかしのかん字

はやわかり　となえことば

もともとは
田《た》んぼの
さかいめ
あらわす界《かい》

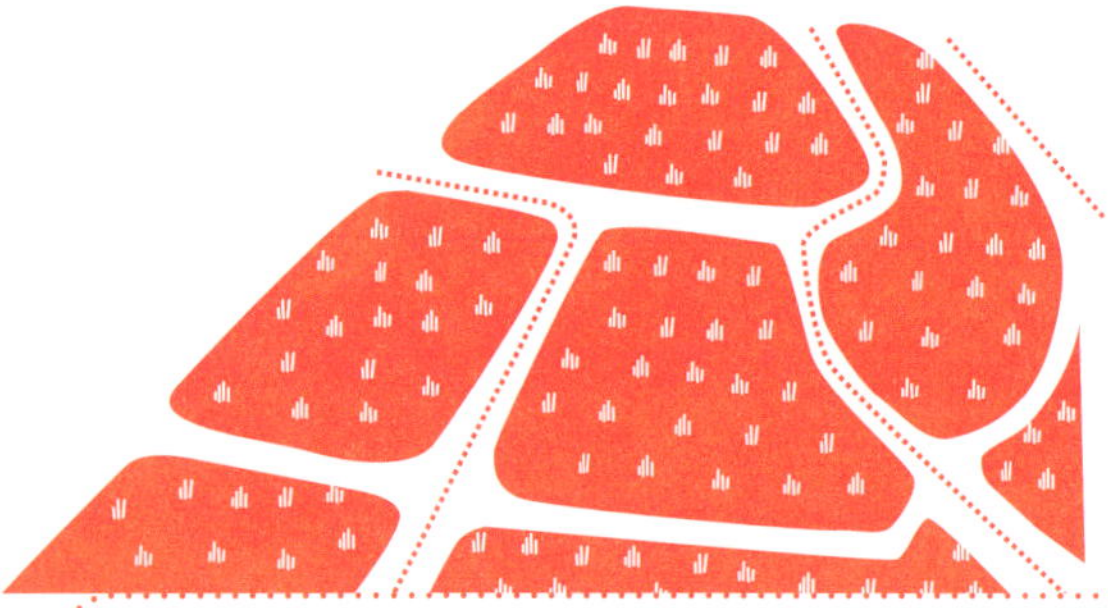

なりたち

界《カイ》は、田《た》と介《カイ》とに分《わ》けられる字《じ》。
介《カイ》は、ここでは、「わける」という
いみをあらわす。
界《カイ》は、田《た》んぼや畑《はたけ》の「さかいめ」を
あらわした字《じ》だ。
そうした土地《とち》のさかいを、境界《きょうかい》とい
うよ。

かきじゅん　9画《かく》

ことばのれい

外界《がいかい》・限界《げんかい》・世界《せかい》・視界《しかい》・下界《げかい》・
政界《せいかい》・業界《ぎょうかい》・芸能界《げいのうかい》

開

くんよみ　ひら－く・あ－く

おんよみ　カイ

むかしのかん字

はやわかり　となえことば

かんぬきを両手《りょうて》ではずして開《ひら》く門《もん》

なりたち

開《ひら－く・カイ》は、閂《（さん）》と廾《（きょう）》をあわせた字《じ》だよ。

むかしのかん字《じ》を見《み》てごらん。横木《よこぎ》（かんぬき）をした門《もん》に、両手《りょうて》の形《かたち》のがある。

だから、開《カイ》は、かんぬきを両手《りょうて》でとって、とびらをギギギーッと、ひらく形《かたち》なんだ。

かきじゅん　12画《かく》

ことばのれい

両開《りょうびら》き・開花《かいか》・開通《かいつう》・開放《かいほう》・開始《かいし》・開店《かいてん》・開会《かいかい》・開発《かいはつ》・満開《まんかい》・公開《こうかい》

くんよみ

階

おんよみ

カイ

はやわかり となえことば

神《かみ》さまが
天《てん》からおりたつ
階段《かいだん》だ

むかしのかん字

なりたち

階《カイ》の、もともとのいみは、天《てん》から神《かみ》さまがおりてくる階段《かいだん》だ。

階《カイ》は、阝（こざとへん）に皆《カイ》と書《か》く。阝（こざとへん）は、はしごの形《かたち》。このはしごをつかって、神《かみ》がのぼりおりすると、むかしの人《ひと》は考《かんが》えた。

皆《カイ》は、いのりにこたえて、多《おお》くの神《かみ》さまが、いっしょにおりてくることをあらわす形《かたち》。皆《カイ》は、「みな」とも読《よ》むよ。

かきじゅん

12画《かく》

ことばのれい

階段《かいだん》・階下《かいか》・階上《かいじょう》・階級《かいきゅう》・音階《おんかい》・二階建《にかいだ》て・最上階《さいじょうかい》・段階《だんかい》

くんよみ

寒

さむ-い

おんよみ

カン

むかしのかん字

はやわかり　となえことば

やねの下《した》
ほし草《くさ》に
もぐって
寒《さむ》さをしのぐ

なりたち

寒《さむ-い・カン》のなりたちは、むかしのかん字《じ》をよーく見《み》ると、わかる。

宀は宀（うかんむり）で、たてものをあらわす。茻は、草《くさ》がつみかさなっている形《かたち》。人は人《ひと》。その下《した》の仌は、氷《こおり》をあらわしているよ。

　家《いえ》のなかにほし草《くさ》をつみあげて、人《ひと》がもぐりこんでいる。でも、足《あし》もとは、氷《こおり》のようにつめたい。それが、寒《カン》のなりたち。

かきじゅん

12画《かく》

ことばのれい

寒空《さむぞら》・寒冷《かんれい》・寒暖《かんだん》・寒波《かんぱ》・極寒《ごっかん》

くんよみ

感

おんよみ

カン

むかしのかん字

はやわかり　となえことば

𠙵《サイ》をまもって ねがいの こたえを 感《かん》じとる

なりたち

感《カン》は、咸《(カン)》と心《こころ》とに分《わ》けられるよ。咸《(カン)》は、いのりのことば（𠙵《サイ》）を、まさかり（戉《(エツ)》）でまもっている形《かたち》。そうすると、神《かみ》がねがいを感《かん》じとってくれると、むかしの人《ひと》は考《かんが》えたんだ。感《カン》は、「心《こころ》がうごくこと」「感《かん》じること」をあらわす字《じ》。

かきじゅん　13画《かく》

丿 厂 厂 厂 后 后 咸 咸 咸 咸 感 感 感

ことばのれい

感心《かんしん》・感動《かんどう》・感覚《かんかく》・感情《かんじょう》・感想《かんそう》・実感《じっかん》・同感《どうかん》・反感《はんかん》・五感《ごかん》・予感《よかん》

くんよみ

漢

おんよみ

カン

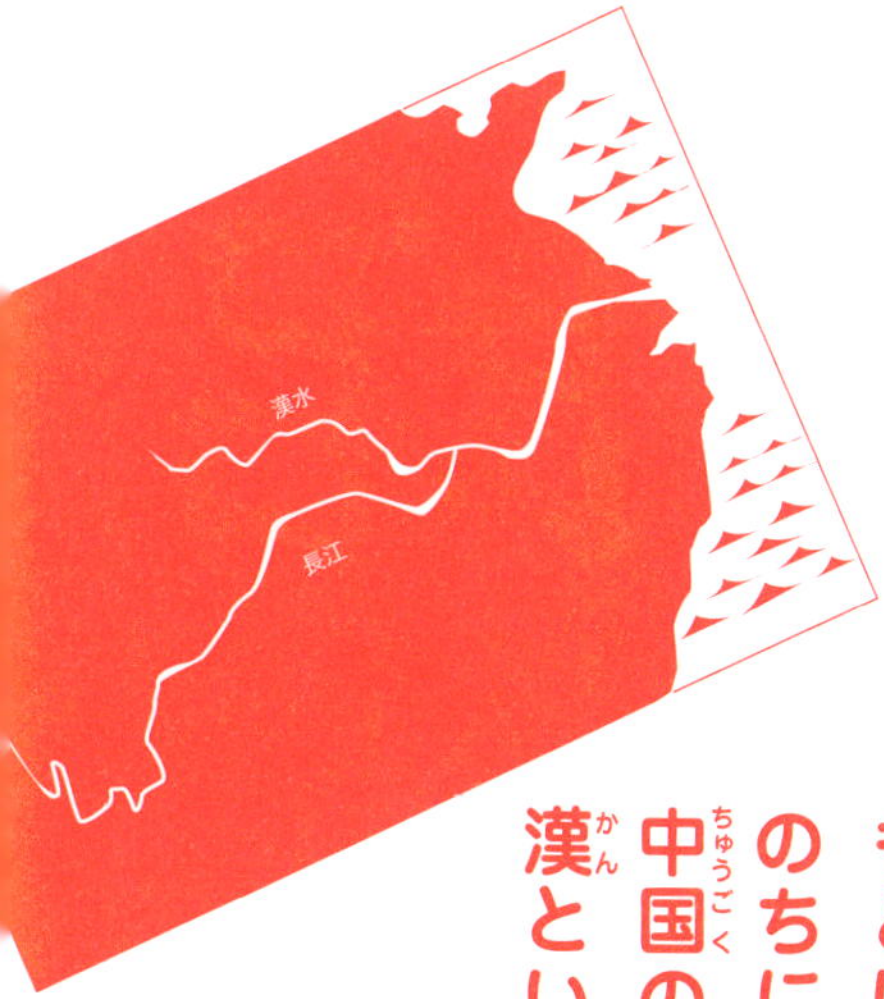

むかしのかん字

はやわかり　となえことば

**もとは川《かわ》の名《な》
のちに
中国《ちゅうごく》のことを
漢《かん》という**

なりたち

「漢字《かんじ》」の漢《カン》は、どうして氵（さんずい）なんだろう？

もともと、中国《ちゅうごく》に、漢水《かんすい》という名《な》の川《かわ》があり、その流域《りゅういき》を「漢《かん》」といった。漢《かん》の王《おう》・劉邦《りゅうほう》が、のちに中国《ちゅうごく》の皇帝《こうてい》になって、漢《かん》の時代《じだい》ができた。

それで、中国《ちゅうごく》のことを漢《かん》ともいうようになり、中国《ちゅうごく》でうまれた文字《もじ》だから、漢字《かんじ》というようになった。

そして、そのおおもとは、川《かわ》の名前《なまえ》だったから、さんずいがついている。

かきじゅん　13画《かく》

、 冫 氵 氵一 汁 汁 浐 浐 浐 滢 滢 漢 漢

ことばのれい

漢文《かんぶん》・漢語《かんご》・漢民族《かんみんぞく》・漢方薬《かんぽうやく》・巨漢《きょかん》

館

おんよみ　カン

くんよみ　やかた

むかしのかん字

はやわかり　となえことば

戦場《せんじょう》で　まつりの　肉《にく》を　そなえた館《やかた》

なりたち

古代《こだい》の軍隊《ぐんたい》は、戦争《せんそう》にいくときには、おそなえの肉《にく》をもっていき、たてものをたてて、それをまつった。そのたてものが、館《カン》。食堂《しょくどう》でもあったから、食（しょくへん）なんだね。軍隊《ぐんたい》を指揮《しき》する将軍《しょうぐん》や大将《たいしょう》が、官《カン》。やねの下《した》にほし肉《にく》（𠂤）のある形《かたち》だよ。

かきじゅん　16画《かく》

ノ 人 ケ 今 今 今 食 食 食 食 食 飠 飠 飠 館　館

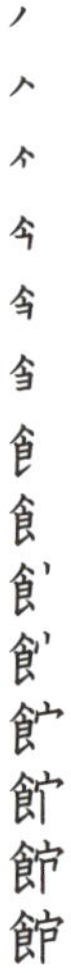

ことばのれい

館長《かんちょう》・館内《かんない》・図書館《としょかん》・体育館《たいいくかん》・博物館《はくぶつかん》・旅館《りょかん》・会館《かいかん》・公民館《こうみんかん》

くんよみ　きし

岸

おんよみ　ガン

むかしのかん字

はやわかり　となえことば

山《やま》のがけ　水《みず》がながれる　川《かわ》の岸《きし》

なりたち

岸《きし・ガン》のなかの厂《（かん）》は、切《き》りたったがけの形《かたち》だよ。岸《きし》は、もともとは、下《した》を川《かわ》がながれる、山《やま》のがけをあらわしていた。いまは、海岸《かいがん》や、たいらな土地《とち》の川《かわ》の「きし」などもあらわす。

かきじゅん　8画《かく》

丨 山 山 屵 岸 岸 岸 岸

ことばのれい

岸辺《きしべ》・向《む》こう岸《ぎし》・川岸《かわぎし》・海岸《かいがん》・湖岸《こがん》・対岸《たいがん》・沿岸《えんがん》

起

くんよみ　お－きる

おんよみ　キ

むかしのかん字

はやわかり　となえことば

へびが　あたまを　もたげるように　体《からだ》を起《お》こす

なりたち

起《おーきる・キ》は、もともとは起と書《か》いた。
巳《シ》は、へびが頭《あたま》をもちあげる形《かたち》。
走（そうにょう）は、「はしる」「行《い》く」といういみをあらわす。
起《キ》は、人《ひと》が立《た》ちあがったり、なにかをはじめたりすることをあらわす字《じ》だ。

かきじゅん　10画《かく》

一 十 土 キ 丰 丰 走 起 起 起

ことばのれい

早起《はやお》き・起立《きりつ》・起用《きよう》・起承転結《きしょうてんけつ》・再起《さいき》

期

くんよみ

おんよみ　キ・（ゴ）

むかしのかん字

はやわかり　となえことば

きめられた　月日《つきひ》や時間《じかん》を　あらわす期《き》

なりたち

期《キ》は、「一学期《いちがっき》」の期《キ》だよ。
其《キ》と月《つき》をあわせて、期《キ》。
其《キ》は、こくもつをすくう道具《どうぐ》の形《かたち》で、「きまった量《りょう》をはかる」といういみがある。
月《つき》は、めぐる時間《じかん》をあらわしている。
長《なが》くつづく時間《じかん》を、一定《いってい》の時間《じかん》にくぎったものを期《キ》という。

かきじゅん　12画《かく》

一　十　卄　廿　甘　甘　其　其　期　期　期　期

ことばのれい

期日《きじつ》・期間《きかん》・期限《きげん》・期末《きまつ》・期待《きたい》・初期《しょき》・前期《ぜんき》・後期《こうき》・最期《さいご》

くんよみ

客

おんよみ

キャク・（カク）

はやわかり　となえことば

もともとは
神《かみ》さまが
まつりのお客《きゃく》さま

むかしのかん字

なりたち

客《キャク》は、たてものをあらわす宀（うかんむり）と各《カク》。各《カク》は、いのりにこたえて、神《かみ》が天《てん》からおりてくることをあらわす形《かたち》。客《キャク》は、その神《かみ》さまをお客《きゃく》さんとしてむかえることをあらわした字《じ》だ。

やがて、人間《にんげん》のお客《きゃく》さんをあらわすようになった。

かきじゅん　9画《かく》

ことばのれい

客人《きゃくじん》・客席《きゃくせき》・客室《きゃくしつ》・客観《きゃっかん》・乗客《じょうきゃく》・観客《かんきゃく》・来客《らいきゃく》・旅客《りょかく》

くんよみ
（きわ－める）

究

おんよみ
キュウ

むかしのかん字

はやわかり　となえことば

穴《あな》のなか
さぐって
なぞを
つきとめる究《きゅう》

なりたち

究《キュウ》は、穴（あなかんむり）と九《キュウ》だよ。
穴《あな》は、どうくつのようなところをあらわす。
九《キュウ》は、体《からだ》をくねらせたりゅうのすがたからできた字《じ》だ。
究《キュウ》とは、体《からだ》をまげてどうくつをさぐりつくすように、ものごとをきわめること。

かきじゅん　7画《かく》

ことばのれい
究明《きゅうめい》・究極《きゅうきょく》・研究《けんきゅう》・追究《ついきゅう》・探究《たんきゅう》

くんよみ　いそ－ぐ

急

おんよみ　キュウ

はやわかり　となえことば

おいつか
なくちゃと
急《いそ》ぐ心《こころ》を
あらわすよ

むかしのかん字

なりたち

急《いそーぐ・キュウ》の、もとの字《じ》は急。むかしのかん字《じ》を見《み》てごらん。(人《ひと》)と(手《て》)と(心《こころ》)だよ。後《うし》ろから手《て》をのばして、前《まえ》の人《ひと》をつかまえようとしている。そこに心《こころ》をくわえた形《かたち》なんだ。急《キュウ》は、人《ひと》においつこうとして、急《いそ》ぐきもちをあらわした字《じ》。

かきじゅん　9画《かく》

ノ　ク　𠂊　刍　刍　刍　急　急　急

ことばのれい

急《いそ》ぎ足《あし》・大急《おおいそ》ぎ・急行《きゅうこう》・急用《きゅうよう》・急病《きゅうびょう》・急速《きゅうそく》・早急《そうきゅう》・救急《きゅうきゅう》・緊急《きんきゅう》

くんよみ

級

おんよみ

キュウ

むかしのかん字

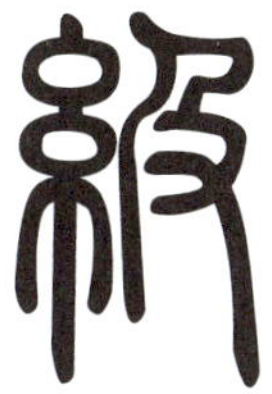

はやわかり　となえことば

糸《いと》をおり
ぬのがだんだん
できていく級《きゅう》

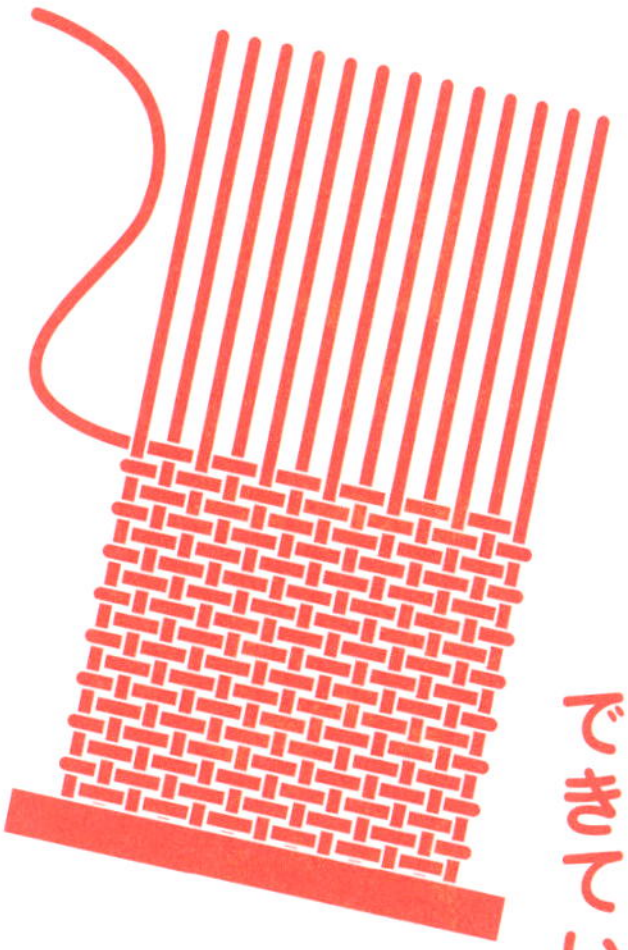

なりたち

級《キュウ》は、糸（いとへん）と及《キュウ》。
及《キュウ》は、「およぶ」といういみの字《じ》で、
だんだんとできあがっていくこと。
糸《いと》でぬのをおるときには、一《いち》だん、
一《いち》だん、しだいにおりあがっていく。
級《キュウ》は、それをあらわした字《じ》。
そこから、順序《じゅんじょ》や階段《かいだん》といういみの
字《じ》になった。「すすみぐあい」やクラ
スのことをいったりもするよ。

かきじゅん　9画《かく》

く　幺　幺　糸　糸　糸　紉　級　級

ことばのれい

級友《きゅうゆう》・学級《がっきゅう》・進級《しんきゅう》・同級生《どうきゅうせい》・下級生《かきゅうせい》・
等級《とうきゅう》・高級《こうきゅう》・階級《かいきゅう》

くんよみ　みや

宮

おんよみ　キュウ・（グウ）

むかしのかん字

はやわかり　となえことば

宮《みや》の字《じ》は
りっぱな
宮《きゅう》でん
あらわすかたち

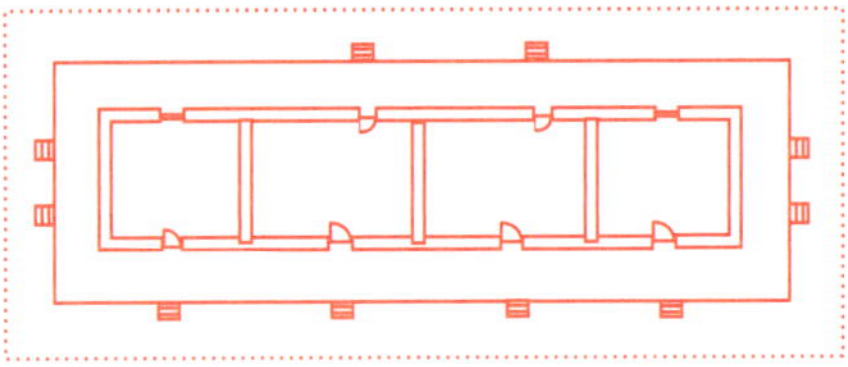

やねをはずして上からみたところ

なりたち

宮《みや・キュウ》は、たてものをあらわす宀（うかんむり）と、呂《ロ・リョ》とを組《く》みあわせた形《かたち》。

むかし、祖先《そせん》をまつるとくべつなたてもの（お宮《みや》）で、いろいろな儀式《ぎしき》をおこなった。

宮《キュウ》は、へやがいくつもある、儀式《ぎしき》をおこなうたてものをあらわした字《じ》。

かきじゅん　10画《かく》

丶　丷　宀　宀　宀　宀　宀　宀　宮　宮

ことばのれい

宮参《みやまい》り・宮大工《みやだいく》・宮殿《きゅうでん》・宮中《きゅうちゅう》・王宮《おうきゅう》・迷宮《めいきゅう》・宮司《ぐうじ》・竜宮城《りゅうぐうじょう》

くんよみ たま

球

おんよみ キュウ

むかしのかん字

はやわかり となえことば

うつくしい たからの玉《たま》だ まんまるな球《たま》

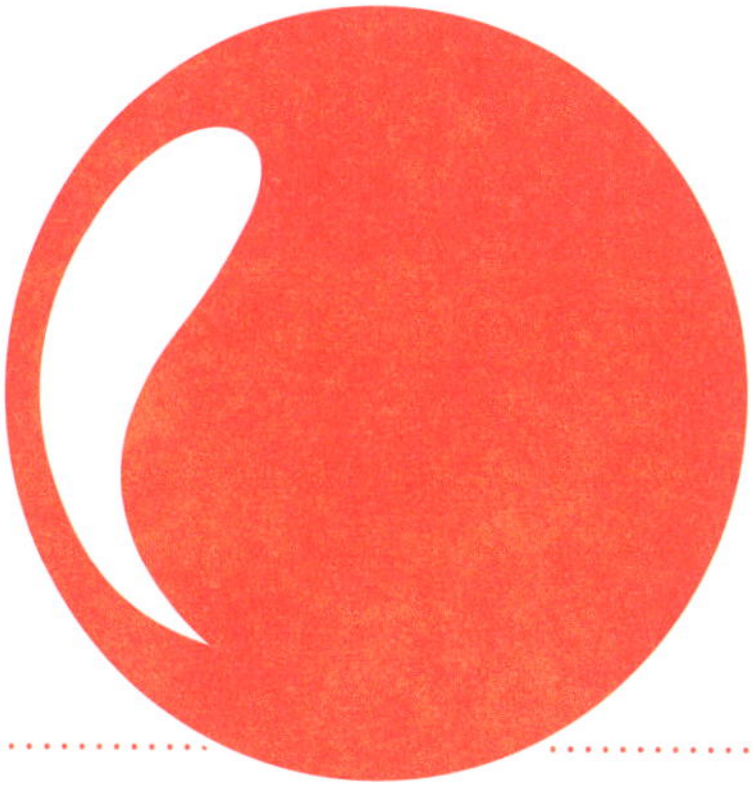

なりたち

球《たま・キュウ》は、「野球《やきゅう》」「卓球《たっきゅう》」「地球《ちきゅう》」などにつかわれる字《じ》だ。まるい玉《たま》の形《かたち》をしているものをあらわすよ。
球《キュウ》の字《じ》のなかの王《おう》は、「おうへん」ともいうけれど、玉《たま》のこと。求《キュウ》は、キュウという音《おん》をあらわすぶぶん。
球《キュウ》は、もともと、うつくしい宝玉《ほうぎょく》をあらわしていた。

かきじゅん

11画《かく》

ことばのれい

球場《きゅうじょう》・球技《きゅうぎ》・球根《きゅうこん》・球体《きゅうたい》・球形《きゅうけい》・地球《ちきゅう》・電球《でんきゅう》・気球《ききゅう》・直球《ちょっきゅう》・眼球《がんきゅう》

くんよみ　さーる

去

おんよみ　キョ・コ

むかしのかん字

はやわかり　となえことば

うそを言《い》う
人《ひと》もことばも
すて去《さ》られ

なりたち

去《さーる・キョ》の、むかしのかん字《じ》を見《み》てごらん。大は大《だい》で、人《ひと》のすがた。その下《した》の凵は、いのりのことばを入《い》れるうつわ（𠙵《サイ》）の、ふたのない形《かたち》。去《キョ》は、うそのちかいをした人《ひと》が、うつわとともに、すて去《さ》られることをあらわした字《じ》。

かきじゅん　5画《かく》

一 十 土 去 去

ことばのれい

置《お》き去《ざ》り・去年《きょねん》・退去《たいきょ》・除去《じょきょ》・撤去《てっきょ》・死去《しきょ》・過去《かこ》

橋

くんよみ　はし

おんよみ　キョウ

むかしのかん字

はやわかり　となえことば

目《め》じるしの　高《たか》い木《き》たてて　橋《はし》かける

橋《はし・キョウ》は、木（きへん）に喬《キョウ》と書《か》く。「はし」は、木《き》でつくったから、きへんなんだね。喬《キョウ》は、城門《じょうもん》の上《うえ》の高《たか》いたてものの上《うえ》に、目《め》じるしの木《き》を立《た》てた形《かたち》。「はし」にも、こうした目《め》じるしの木《き》をたてたのだという。

かきじゅん　16画《かく》

ことばのれい

橋《はし》げた・橋渡《はしわた》し・石橋《いしばし》・鉄橋《てっきょう》・陸橋《りっきょう》・歩道橋《ほどうきょう》

くんよみ

業

（わざ）

おんよみ

ギョウ

むかしのかん字

土《つち》をうちかためた道具《どうぐ》

楽器《がっき》のための台《だい》

はやわかり　となえことば

かべづくり
土《つち》うちかためる
どうぐの業《ぎょう》

なりたち

むかし、城《じょう》へきなどは、土《つち》をかためてつくった。板《いた》と板《いた》のあいだに土《つち》を入《い》れ、どしん、どしんと、上《うえ》からうって、かためた。

業《ギョウ》は、土《つち》をうちかためる道具《どうぐ》の形《かたち》からできた字《じ》。楽器《がっき》をかける台《だい》の形《かたち》も、よくにていたという。

業《ギョウ》は、「しごと」「作業《さぎょう》」といういみをあらわす字《じ》だよ。

かきじゅん　13画《かく》

ことばのれい

業種《ぎょうしゅ》・業者《ぎょうしゃ》・開業《かいぎょう》・始業《しぎょう》・授業《じゅぎょう》・卒業《そつぎょう》・修業《しゅぎょう》・営業《えいぎょう》・仕業《しわざ》

曲

くんよみ　まーがる

おんよみ　キョク

むかしのかん字

はやわかり　となえことば

竹《たけ》を曲《ま》げ　つくった　かごの　かたちだよ

なりたち

竹《たけ》のかごを見《み》たことがあるかな？　竹《たけ》を細《ほそ》くさいて、それを何本《なんぼん》もくみあわせて、曲《ま》げながらあむんだ。日本《にほん》でも、竹《たけ》かごや、竹《たけ》のざるや、いろいろな道具《どうぐ》をつかっていたよ。

曲《まーがる・キョク》は、竹《たけ》を曲《ま》げてつくったかごの形《かたち》からできた字《じ》。

かきじゅん　6画《かく》

丨 冂 巾 冊 曲 曲

ことばのれい

曲《ま》がり角《かど》・曲線《きょくせん》・曲芸《きょくげい》・歌曲《かきょく》・作曲《さっきょく》・新曲《しんきょく》・名曲《めいきょく》

くんよみ

局

おんよみ

キョク

むかしのかん字

はやわかり　となえことば

手足《てあし》をまげて　死者《ししゃ》が　ねている　局《きょく》の文字《もじ》

なりたち

局《キョク》は、尺《しゃく》（尸）と口（𠙵《サイ》）とを組《く》みあわせた字《じ》。尸は、手足《てあし》をまげて、人《ひと》がほうむられる形《かたち》。𠙵《サイ》（口）は、いのりをささげることをあらわしている。

「手足《てあし》をまげてほうむられる人《ひと》」というのが、局《キョク》のもともとのいみだ。体《からだ》をちぢめたことから、局《キョク》は、「小《ちい》さくまとまったもの」「しきられたところ」などのいみにつかわれる。

かきじゅん　7画《かく》

フ　コ　尸　局　局　局　局

ことばのれい

局面《きょくめん》・薬局《やっきょく》・放送局《ほうそうきょく》・難局《なんきょく》・戦局《せんきょく》・対局《たいきょく》・結局《けっきょく》

銀

くんよみ

おんよみ　ギン

はやわかり　となえことば

金《きん》はこがね
銅《どう》はあかがね
銀《ぎん》はしろがね
金《きん》・銀《ぎん》・銅《どう》

むかしのかん字

銀《ぎん》でつくった皿《さら》やかざり

なりたち

オリンピックのメダルが金《きん》・銀《ぎん》・銅《どう》なのは、それらの金属《きんぞく》が、むかしから、たからものとされてきたからだ。

銀《ぎん》は、金（かねへん）と艮《（コン）》とに分《わ》けられる字《じ》。

金（かねへん）は金属《きんぞく》のしるし。艮《（コン）》は、ここでは、音《おん》をあらわすやくめ。（艮《（コン）》は、ギンという音《おん》をあらわすこともあるよ。）

かきじゅん　14画《かく》

ことばのれい

銀色《ぎんいろ》・銀山《ぎんざん》・銀貨《ぎんか》・銀行《ぎんこう》・銀河《ぎんが》・銀世界《ぎんせかい》・白銀《はくぎん》・水銀《すいぎん》

くんよみ

区

おんよみ　ク

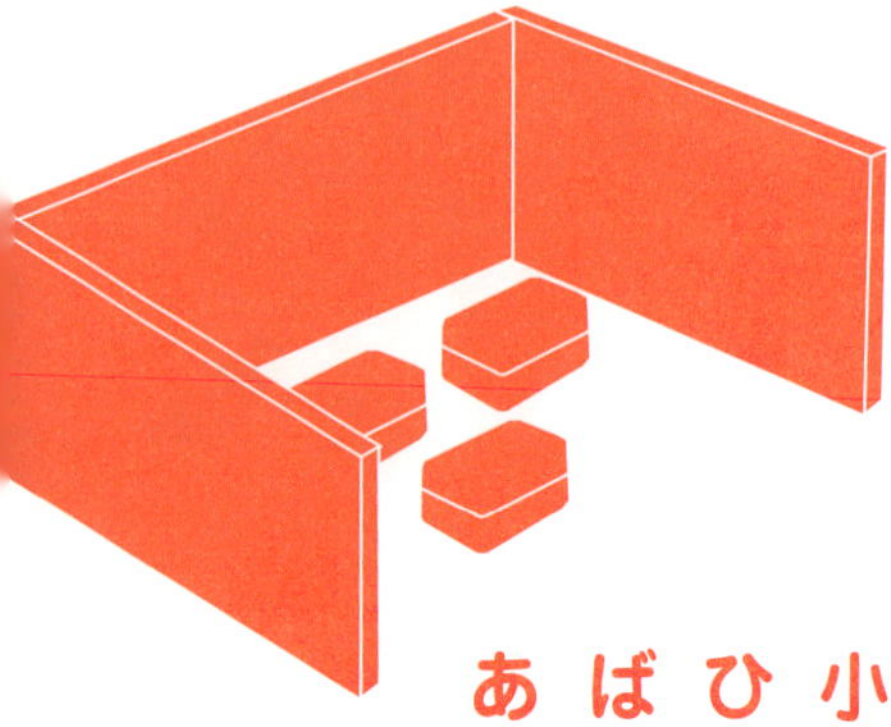

むかしのかん字

區
(區)

はやわかり　となえことば

小《ちい》さく区切《くぎ》った ひみつの ばしょを あらわす区《く》

なりたち

区《ク》のもとの字《じ》は區で、三《みっ》つの口(𠙵《サイ》)がある形《かたち》。
匸は、ほんとうは匸《けい》で、しきられたひみつの場所《ばしょ》をあらわすよ。
区《ク》(區)は、多《おお》くの𠙵《サイ》をならべてい のりをささげた、ひみつの場所《ばしょ》のこと。
そこから、「くぎる」といういみにつかわれるようになった。

かきじゅん　4画《かく》

一 フ ヌ 区

ことばのれい

区間《くかん》・区画《くかく》・区域《くいき》・区別《くべつ》・区分《くぶん》・地区《ちく》・学区《がっく》・校区《こうく》

くんよみ

苦

くる-しい
にが-い

おんよみ

ク

はやわかり　となえことば

苦《にが》い苦《にが》い草《くさ》を
食《た》べれば苦《くる》しいよ

むかしのかん字

なりたち

苦《にが-い・ク》は、ニガナという、にがい味《あじ》の草《くさ》をあらわした字《じ》だ。それで、艹（くさかんむり）がついているんだね。古《コ》は、この字《じ》では、音《おん》をあらわすだけのやくめ。（「コ」が「ク」にかわったんだ。）「にがい」というのが、苦《ク》のもともとのいみ。

かきじゅん　8画《かく》

一 十 艹 艹 芊 芊 苦 苦

ことばのれい

苦手《にがて》・苦労《くろう》・苦心《くしん》・苦戦《くせん》・苦痛《くつう》・苦言《くげん》・苦笑《くしょう》・苦情《くじょう》・病苦《びょうく》

くんよみ　（そな-わる）

具

おんよみ　グ

むかしのかん字

はやわかり　となえことば

具《ぐ》の文字《もじ》は　うつわを　ささげて　もつかたち

なりたち

具《グ》の、むかしのかん字《じ》を見《み》てごらん。「かなえ」という、祭《まつ》りにつかったうつわの形《かたち》。は両手《りょうて》。具《グ》は、かなえを両手《りょうて》でささげもっている形《かたち》なんだ。

かなえをつかう祭《まつ》りには、いろいろなそなえものをそろえた。だから、具《グ》は、「ものが十分《じゅうぶん》にそろっている」といういみ。「つねにそなえておく道《どう》具《ぐ》」のいみにもつかわれる。

かきじゅん　8画《かく》

丨　冂　冃　月　目　且　具　具

ことばのれい

具体《ぐたい》・道具《どうぐ》・用具《ようぐ》・雨具《あまぐ》・家具《かぐ》・工具《こうぐ》・遊具《ゆうぐ》・教具《きょうぐ》

君

くんよみ　きみ

おんよみ　クン

むかしのかん字

はやわかり　となえことば

もともとは　つえを手《て》にしたリーダーが君《きみ》

なりたち

君《きみ・クン》は、尹《い》と口《サイ》（𠙵《サイ》）をあわせた字《じ》。尹《い》は、手《て》（ヨ）につえをもっている形《かたち》なんだ。𠙵《サイ》は、いのりのことばを入《い》れるうつわ。君《クン》のもともとのいみは、つえをもった一族《いちぞく》のリーダーだ。

それで、君《クン》は、君主《くんしゅ》をあらわすようになった。

かきじゅん　7画《かく》

フ　ヨ　ヨ　尹　尹　君　君

ことばのれい

父君《ちちぎみ》・母君《ははぎみ》・君子《くんし》・君臨《くんりん》・主君《しゅくん》・暴君《ぼうくん》・諸君《しょくん》

くんよみ　かかり・かか-る

係

おんよみ　ケイ

むかしのかん字

はやわかり　となえことば

かざり糸《いと》
人《ひと》をつないで
関係《かんけい》の係《けい》

なりたち

係《かかり・ケイ》は、亻（にんべん）と系《ケイ》。系《ケイ》は、つながった糸《いと》の形《かたち》だよ。もののつながりをあらわしている。係《ケイ》は、かざり糸《いと》を人《ひと》にかける形《かたち》で、「その人《ひと》とつながりがつづくように」といういみがある。だから、「関係《かんけい》」の係《ケイ》につかわれる。「かかり」といういみは、日本《にほん》でのつかわれかた。

かきじゅん　9画《かく》

ノ　亻　仁　伾　伾　伾　係　係　係

ことばのれい

係員《かかりいん》・給食係《きゅうしょくがかり》・係留《けいりゅう》・関係《かんけい》・連係《れんけい》

軽

くんよみ　かる-い・(かろ-やか)

おんよみ　ケイ

むかしのかん字

輕

はやわかり　となえことば

古代《こだい》の戦車《せんしゃ》
馬《うま》にひかせて
軽《かろ》やかに

なりたち

軽《かるーい・ケイ》の字に、なぜ、車《くるま》があるのかな。
もともと、軽《ケイ》は、古代《こだい》の戦車《せんしゃ》をあらわした字《じ》なんだ。「軽車《けいしゃ》」といった。
兵士《へいし》がのる馬車《ばしゃ》で、かろやかに、はやく走《はし》った。
だから、軽《ケイ》は車（くるまへん）なんだね。「かるい」「かろやか」といういみだよ。

かきじゅん　12画《かく》

一 厂 冂 冃 百 亘 車 軋 軗 軽 軽 軽

ことばのれい

気軽《きがる》・手軽《てがる》・身軽《みがる》・軽快《けいかい》・軽食《けいしょく》・軽傷《けいしょう》・軽視《けいし》・軽率《けいそつ》・軽薄《けいはく》

くんよみ　ち

血

おんよみ　ケツ

むかしのかん字

はやわかり　となえことば

血《ち》の文字《もじ》は
お皿《さら》のなかに
血《ち》のある
かたち

なりたち

血《ち・ケツ》は、皿《さら》のなかに「ち」があることをあらわす形《かたち》。

古代《こだい》の中国《ちゅうごく》では、祭《まつ》りのときや、ちかいをむすぶときに、牛《うし》や羊《ひつじ》などの血《ち》をそなえたのだという。

それで、皿《さら》に血《ち》を入《い》れたんだね。

かきじゅん　6画《かく》

ノ　亻　[illegible]　[illegible]　[illegible]　血

ことばのれい

血《ち》の気《け》・鼻血《はなぢ》・血液《けつえき》・血管《けっかん》・血縁《けつえん》・出血《しゅっけつ》・止血《しけつ》・輸血《ゆけつ》

くんよみ　き-める

決

おんよみ　ケツ

むかしのかん字

はやわかり　となえことば

こう水《ずい》を ふせいでみせると 心《こころ》を決《き》める

なりたち

決《き-める・ケツ》の、右《みぎ》がわの夬《（ケツ）》（）は、刃《は》ものを手《て》にもって、ものをたち切《き》ることをあらわす形《かたち》なんだ。

氵（さんずい）は水《みず》をあらわす。

決《ケツ》は、こう水《ずい》のとき、ひがいを少《すく》なくするために、わざと堤防《ていぼう》を切《き》って、水《みず》をにがすことをあらわした字《じ》だ。

その決断《けつだん》は、かくごのいることだった。それで、決《ケツ》は、心《こころ》にきめることをいう。

かきじゅん　7画《かく》

、 冫 氵 氵フ 氵コ 沪 決

ことばのれい

決《き》め手《て》・決心《けっしん》・決意《けつい》・決断《けつだん》・決定《けってい》・決行《けっこう》・決勝《けっしょう》・解決《かいけつ》・対決《たいけつ》・判決《はんけつ》

くんよみ

研

（と-ぐ）

おんよみ

ケン

むかしのかん字

硏

はやわかり　となえことば

かんざしを
石《いし》でみがいた
研《けん》の文字《もじ》

なりたち

研《ケン》の、もとの字《じ》は硏。石（いしへん）と幵《けい》だよ。
幵《けい》は、かみにさすかんざしの形《かたち》。かんざしは、かたい石《いし》でといで、ぴかぴかにみがきあげてつくった。だから、研《ケン》は、「とぐ」「みがく」といういみなんだ。

かきじゅん　9画《かく》

一 丆 不 石 石 石 矸 研 研

ことばのれい

研《と》ぎ石《いし》・研究《けんきゅう》・研修《けんしゅう》・研磨《けんま》

くんよみ

県

おんよみ

ケン

むかしのかん字

（縣）

はやわかり　となえことば

おおむかし
木《き》に
ぶらさげた
首《くび》の県《けん》

なりたち

県《ケン》の、もとの字《じ》は縣。系《けい》という字《じ》があわさっていた。

むかしのかん字《じ》は、上《うえ》のほうが古《ふる》い形《かたち》。首《くび》を木《き》につるしている形《かたち》なんだ。系《けい》は、ここでは、つりさげるひもをあらわしている。それで、県《ケン》（縣）は、さいしょ、「かける」「つりさげる」といういみの字《じ》だった。ふしぎだね。

あとから、国《くに》のなかの「○○県《けん》」をいう字《じ》につかわれるようになった。

かきじゅん　9画《かく》

丨 冂 冃 月 目 旦 早 県 県

ことばのれい

県内《けんない》・県民《けんみん》・県庁《けんちょう》・県立《けんりつ》・都道府県《とどうふけん》

くんよみ

おんよみ　コ

庫

むかしのかん字

はやわかり　となえことば

いくさに　つかう　車《くるま》を入《い》れた　車庫《しゃこ》の庫《こ》だ

なりたち

庫《こ》の字《じ》のなかに、車《くるま》があるね。その上《うえ》に、やねの形《かたち》の广（まだれ）がついている。庫《こ》は、車《くるま》をおいておく車庫《しゃこ》をあらわした字《じ》。その車《くるま》とは、むかし、戦争《せんそう》につかった馬車《ばしゃ》のことだよ。

かきじゅん　10画《かく》

、 亠 广 户 庐 启 肩 㡀 庫

ことばのれい

倉庫《そうこ》・金庫《きんこ》・冷蔵庫《れいぞうこ》・在庫《ざいこ》・文庫《ぶんこ》・宝庫《ほうこ》

湖

くんよみ みずうみ

おんよみ コ

むかしのかん字

はやわかり となえことば

たっぷりと 水《みず》をたたえた湖《みずうみ》だ

なりたち

湖《みずうみ・コ》とは、もちろん、「みずうみ」のこと。氵（さんずい）と胡《コ》だよ。

胡《コ》は、ペリカンのあごのふくろや、牛《うし》のだぶだぶした首肉《くびにく》なんかをあらわした形《かたち》で、「大《おお》きくふくらんだもの」といういみがある。

だから、湖《みずうみ》は、「ふくらんだような形《かたち》の、水《みず》たまり」ということだね。

かきじゅん 12画《かく》

丶 氵 氵 汁 汁 汁 沽 沽 湖 湖 湖 湖

ことばのれい

湖水《こすい》・湖上《こじょう》・湖面《こめん》・湖底《こてい》・湖岸《こがん》・火口湖《かこうこ》

向

くんよみ　むーく・むーかう・むーこう

おんよみ　コウ

むかしのかん字

はやわかり　となえことば

まどに　向《む》かって　𠙵《サイ》をそなえた　向《こう》の文字《もじ》

なりたち

向《むーく・コウ》は、まどの形《かたち》の宀(けい)と、口(𠙵《サイ》)をあわせた形《かたち》。まどは、光《ひかり》が入《はい》ってくるところ。そこに、いのりのことばを入《い》れたうつわ(𠙵《サイ》)をそなえた。「まどに向《む》かう」といういみだ。

！まどから月《つき》の光《ひかり》がさしこむことをあらわした字《じ》は、明《あかーるい・メイ》()。

かきじゅん　6画《かく》

ノ　丿　冂　冋　向　向

ことばのれい

向《む》こう岸《ぎし》・風向《かざむ》き・前向《まえむ》き・向上《こうじょう》・方向《ほうこう》・意向《いこう》・動向《どうこう》

くんよみ　さいわ-い・(さち)　しあわ-せ

幸

おんよみ　コウ

むかしのかん字

はやわかり　となえことば

幸せ《しあわ》は　なぜかむかしの　手《て》じょうのかたち

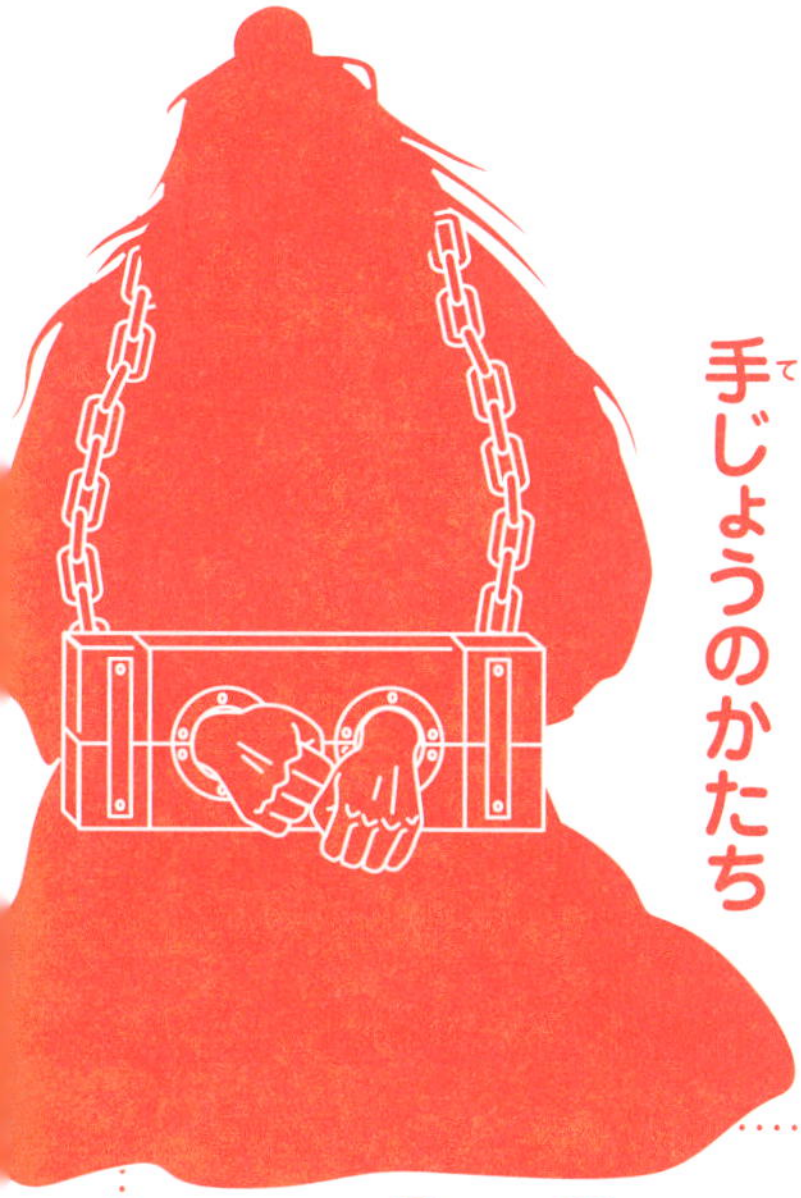

なりたち

おどろくかもしれないけれど、「しあわせ」の幸《コウ》は、手《て》かせ（むかしの手《て》じょう）の形《かたち》からできた字《じ》なんだ。おもい罰《ばつ》をうけるのにくらべて、手《て》じょうくらいですんでよかった、「さいわいだ」というのが、もともとのいみ。

かきじゅん

8画《かく》

ことばのれい

幸せ《しあわ》・不幸せ《ふしあわ》・幸運《こううん》・幸福《こうふく》・不幸《ふこう》・行幸《ぎょうこう》・海《うみ》の幸《さち》・山《やま》の幸《さち》

くんよみ みなと

港

おんよみ コウ

はやわかり　となえことば

たくさんの船《ふね》がゆきかう港《みなと》だよ

むかしのかん字

なりたち

港《みなと・コウ》は、氵（さんずい）と巷《コウ》とに分《わ》けられる字《じ》。巷《コウ》は「ちまた」とも読《よ》む字《じ》で、にぎやかなところや、道《みち》が分《わ》かれているところをあらわす。港《みなと》は、多《おお》くの船《ふね》があつまるところだよ。

かきじゅん　12画《かく》

、 ⺀ 氵 氵 汁 汁 洪 洪 洪 港 港 港

ことばのれい

港町《みなとまち》・空港《くうこう》・漁港《ぎょこう》・開港《かいこう》・出港《しゅっこう》・入港《にゅうこう》・帰港《きこう》・寄港《きこう》

くんよみ

号

おんよみ

ゴウ

むかしのかん字

はやわかり　となえことば

𠙵《サイ》をうち
大《おお》きな声《こえ》で
なきさけぶ号《ごう》

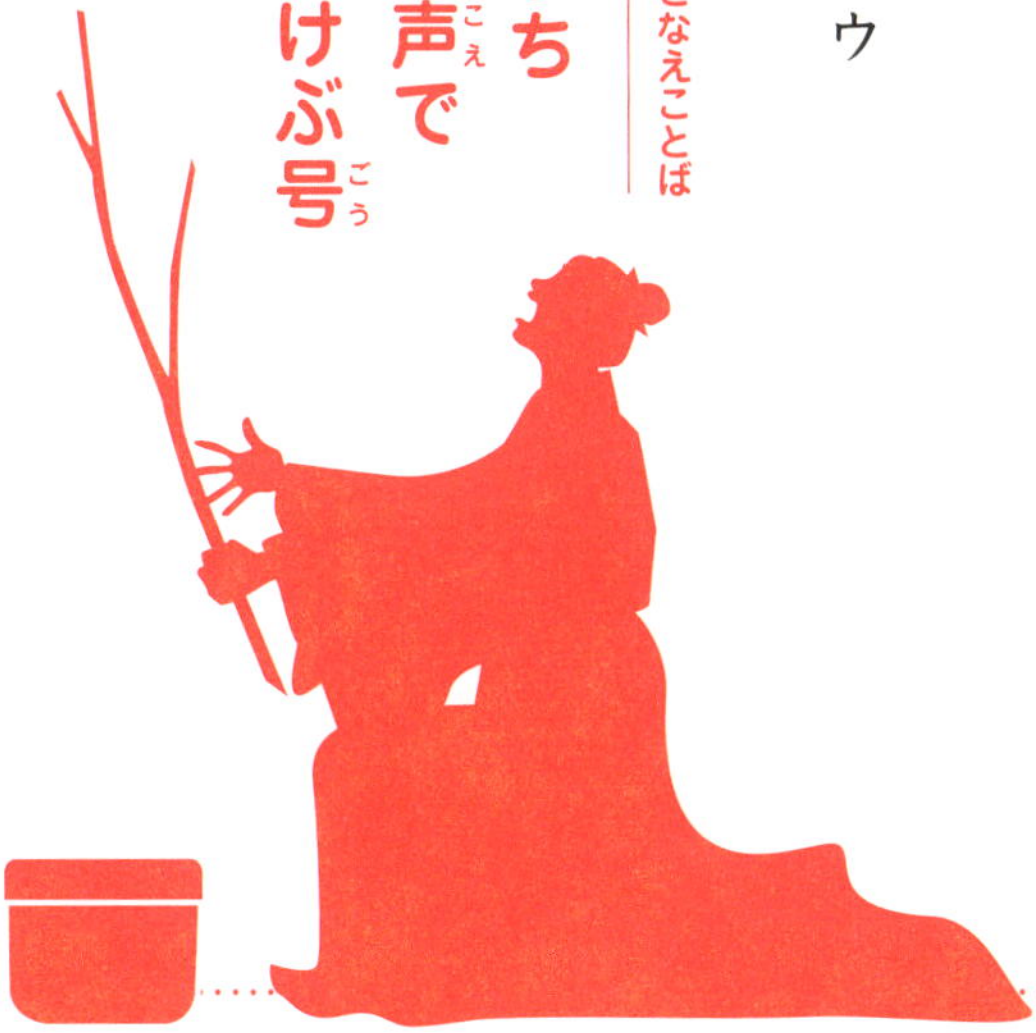

なりたち

号《ゴウ》は、口（𠙵《サイ》）の下《した》に丂《（こう）》をそえた形《かたち》。𠙵《サイ》は、いのりのことばを入《い》れるうつわ。丂《（こう）》は、木《き》のえだの形《かたち》だよ。号《ゴウ》とは、𠙵《サイ》を木《き》のえだで打《う》って、大《おお》声《ごえ》で、神《かみ》にねがうこと。「さけぶ」とか「なく」というのが、もともとのいみだ。

号《ゴウ》の、もとの字《じ》は號。

かきじゅん

丶 ㄇ 口 㕯 号

5画《かく》

ことばのれい

号令《ごうれい》・号泣《ごうきゅう》・号砲《ごうほう》・号外《ごうがい》・怒号《どごう》・番号《ばんごう》・暗号《あんごう》・記号《きごう》・信号《しんごう》・年号《ねんごう》

くんよみ

根

ね

おんよみ

コン

むかしのかん字

はやわかり　となえことば

木《き》の根《ね》っこ
土《つち》をつかんで
うごかない

なりたち

根《ね・コン》は、木（きへん）と艮《コン》とに分《わ》けられる字《じ》。

むかしのかん字《じ》を見《み》てごらん。艮《コン》（艮）は、にらみつけられて、うごけない人《ひと》の形《かたち》。かたまってうごかないことをあらわしている。

木《き》のみきやえだをささえて、地面《じめん》の下《した》で、じっとうごかずにいるもの。それが根《ね》だ。

かきじゅん

一 十 オ 木 朻 杈 杈 相 根 根

10画《かく》

ことばのれい

根元《ねもと》・屋根《やね》・根気《こんき》・根本《こんぽん》・根源《こんげん》・根底《こんてい》・根菜《こんさい》・球根《きゅうこん》・大根《だいこん》

音《おん》よみが「サ行《ぎょう》」のかん字《じ》

サ

おもしろいかん字《じ》の話《はなし》❷

おそなえにした肉《にく》と酒《さけ》

古代《こだい》の中国《ちゅうごく》では、祭《まつ》りや儀式《ぎしき》のときに、肉《にく》をおそなえにすることが多《おお》かった。だから、かん字《じ》には、肉《にく》の形《かたち》をもつものがたくさんある。切《き》った肉《にく》が、夕（夕）や月の形《かたち》になって、かん字《じ》のなかにかくれているよ。

❷ 肉《にく》

❷ 多《おお-い》

❸ 有《あ-る》

❸ 祭《まつ-り》

示《しめ-す》（ネ）は、神《かみ》をまつるつくえ

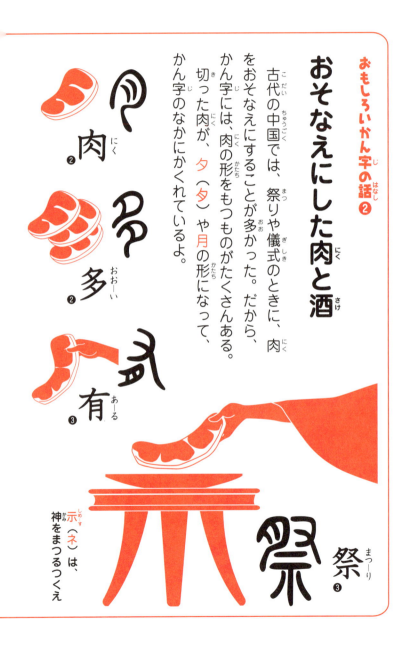

❷と❸は、ならう学年《がくねん》

あまざけ

❸ 礼《れい》（禮）

❸ 福《ふく》（福）

❸ 酒《さけ》

お酒《さけ》も、神《かみ》さまへのそなえものにつかわれた。礼《れい》（禮）のなりたちは、あまざけをつかった儀式《ぎしき》。

福《ふく》は、お酒《さけ》をそなえてしあわせをいのること。

酒《さけ》の字《じ》のなかの酉や、福《ふく》のなかの畐は、おさけを入《い》れた「かめ」や「たる」の形《かたち》。

くんよみ　まつ-り・まつ-る

祭

おんよみ　サイ

はやわかり　となえことば

祭《さい》だんに　肉《にく》をそなえた　祭《まつ》りだよ

むかしのかん字

なりたち

祭《まつ-り・サイ》という字《じ》を分解《ぶんかい》してみよう。月《(にくづき)》（夕）と又《(ゆう)》と示《しめ-す》になるよ。月《(にくづき)》は肉《にく》。又《(ゆう)》（又）は手《て》。示《しめ-す》は神《かみ》だな（つくえ）。祭《サイ》は、肉《にく》を、手《て》で、神《かみ》だなにそなえる形《かたち》。そうやって神《かみ》をまつることをあらわした字《じ》だ。

日本《にほん》でも、お祭《まつ》りには、いろいろなそなえものをするよ。

かきじゅん

ノ　ク　タ　タ　夕フ　夕又　夕又　夕又　癸　祭　祭

11画《かく》

ことばのれい

ひな祭《まつ》り・夏祭《なつまつ》り・祭日《さいじつ》・祭礼《さいれい》・祭典《さいてん》・文化祭《ぶんかさい》・体育祭《たいいくさい》

くんよみ

皿《さら》

おんよみ

むかしのかん字

はやわかり　となえことば

皿《さら》の字《じ》は
おさらを
よこから
見《み》たところ

なりたち

皿《さら》は、「さら」の形《かたち》からできた字《じ》。むかしのかん字《じ》は、下《した》に台《だい》がついているように見《み》えるね。

皿《さら》は、ひらたい「さら」のほかに、水《みず》を入《い》れるうつわや食器《しょっき》をあらわす形《かたち》。

! むかしのかん字《じ》をくらべてみよう。

皿《さら》

血《ち》

（血《ち》のなりたちは、66ページに）

かきじゅん　5画《かく》

ことばのれい

皿洗《さらあら》い・皿回《さらまわ》し・大皿《おおざら》・小皿《こざら》・絵皿《えざら》

仕

くんよみ　つか-える

おんよみ　シ・(ジ)

はやわかり　となえことば

王《おう》に仕《つか》える
戦士《せんし》をあらわす
仕事《しごと》の仕《し》

むかしのかん字

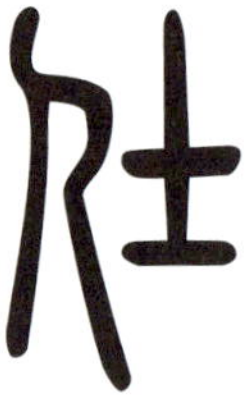

なりたち

仕《つかーえる・シ》は、亻(にんべん)と士《シ》(さむらい)。士《シ》は、小《ちい》さなまさかりの刃《は》を下《した》にむけた形《かたち》。王《おう》につかえる戦士《せんし》をあらわす字《じ》だ。亻(にんべん)は、人《ひと》だね。仕《シ》は、王《おう》に「つかえる人《ひと》」や「つかえること」をあらわした字《じ》。

！王《おう》は、大《おお》きなまさかりの刃《は》であらわした。

かきじゅん

ノ　亻　仁　什　仕

5画《かく》

ことばのれい

宮仕《みやづか》え・仕事《しごと》・仕上《しあ》げ・仕入《しい》れ・仕組《しく》み・仕立《した》て・奉仕《ほうし》・給仕《きゅうじ》

くんよみ　しーぬ

おんよみ　シ

死

むかしのかん字

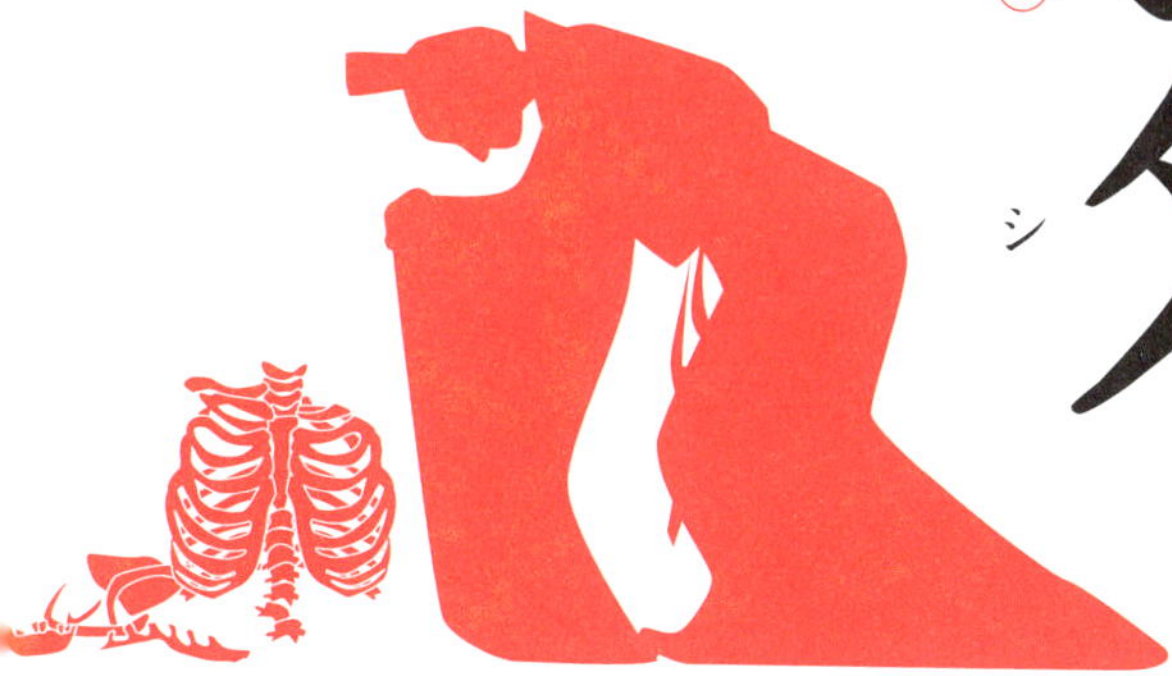

はやわかり　となえことば

死《し》の文字《もじ》は　ほねを　おがんで　いるかたち

なりたち

死《しーぬ・シ》は、歹《がつ》と匕《ひ》とを組《く》みあわせた字《じ》。

歹《がつ》は、お骨《こつ》の形《かたち》。

匕《ひ》は、人《ひと》のすがたなんだ。むかしのかん字《じ》を見《み》ると、それがわかるよ。

死《シ》は、なくなった人《ひと》のお骨《こつ》をおがんでいる形《かたち》。そこから「し」「しぬ」といういみになった。

かきじゅん　6画《かく》

一 丆 歹 歹 歹 死

ことばのれい

死者《ししゃ》・死体《したい》・死亡《しぼう》・死角《しかく》・死守《ししゅ》・生死《せいし》・病死《びょうし》・急死《きゅうし》・決死《けっし》・必死《ひっし》

くんよみ　つか-う

おんよみ　シ

使

むかしのかん字

はやわかり　となえことば

遠《とお》くまででかける　まつりの使《し》者《しゃ》のこと

なりたち

古代中国《こだいちゅうごく》の祭《まつ》りには、いろいろなしきたりがあったのだという。

遠《とお》くの山《やま》や川《かわ》で祭《まつ》りをするときには、大《おお》きな木《き》のえだに𠙵《サイ》（いのりのことばを入《い》れたうつわ）をとりつけて、もっていった。

その木《き》の形《かたち》が、吏《り》。

その木《き》をもつ人《ひと》が、使《シ》。祭《まつ》りの「使《し》者《しゃ》」（つかいの人《ひと》）をあらわした字《じ》だ。

かきじゅん　8画《かく》

ノ　亻　仁　仃　佢　佰　伂　使

ことばのれい

お使《つか》い・使《つか》い道《みち》・人使《ひとづか》い・使用《しよう》・使命《しめい》・天使《てんし》・大使《たいし》・行使《こうし》

くんよみ

はじ-める

始

おんよみ

シ

むかしのかん字

はやわかり となえことば

年《とし》の始《はじ》め
すきをきよめて
豊作《ほうさく》をいのる

なりたち

始《はじ-める・シ》は、女（おんなへん）に台《だい》。

台《だい》は、ここでは、田畑《たはた》をたがやす、すき、（ム）に、いのりのことばを入《い》れるうつわの𠙵《サイ》（口）をあわせた形《かたち》。

始《シ》は、農具《のうぐ》をはらいきよめる、年《とし》の始《はじ》めの儀式《ぎしき》をあらわした字《じ》。

女《おんな》がついているのは、女《おんな》の人《ひと》のおこなう儀式《ぎしき》だからだろう。

かきじゅん 8画《かく》

ことばのれい

事始《ことはじ》め・始発《しはつ》・始業式《しぎょうしき》・始球式《しきゅうしき》・始動《しどう》・年始《ねんし》・原始《げんし》・開始《かいし》・終始《しゅうし》

くんよみ ゆび・さ-す

指

おんよみ シ

むかしのかん字

はやわかり　となえことば

この肉《にく》は
うまいと
指《ゆび》さし
つまみとる

なりたち

指《ゆび・シ》は、扌（てへん）と旨《シ》とに分《わ》けられる字《じ》。旨《シ》は「うまい」といういみで、肉《にく》をナイフで切《き》る形《かたち》からできた。扌（てへん）は、手《て》をあらわす。指《シ》の字《じ》は、うまいものをつまんで食《た》べる「ゆび」のこと。

かきじゅん　9画《かく》

一 十 扌 扌 扌 扌 指 指 指

ことばのれい

指切《ゆびき》り・指先《ゆびさき》・指輪《ゆびわ》・小指《こゆび》・指示《しじ》・指導《しどう》・指名《しめい》・指定《してい》

歯

くんよみ　は

おんよみ　シ

むかしのかん字

はやわかり　となえことば

口《くち》のなか
いまは米《こめ》の字《じ》
ものをかむ歯《は》

なりたち

歯《は・シ》のむかしのかん字《じ》は、まるで絵《え》のようだ。もちろん、口《くち》のなかの「は」をあらわしている。

あとから音《おん》をあらわす止《シ》がくわえられて、→→齒→歯となった。

いまの歯《シ》の形《かたち》は、齒をかんたんに書《か》くためにつくられた字《じ》。米《こめ》の形《かたち》があるけれど、コメとは関係《かんけい》ないんだよ。

かきじゅん

12画《かく》

ことばのれい

歯医者《はいしゃ》・歯車《はぐるま》・歯止《はど》め・歯切《はぎ》れ・虫歯《むしば》・歯科《しか》・永久歯《えいきゅうし》・乳歯《にゅうし》

くんよみ

おんよみ

詩

シ

むかしのかん字

はやわかり　となえことば

**おもいを
こめて
うたうように
となえたことばが詩《し》**

なりたち

詩《シ》は、言（ごんべん）に寺《ジ》と書《か》く字《じ》。寺《ジ》は、「つづくもの」をあらわしている。言（ごんべん）は、ことばをあらわすよ。

だから、詩《し》とは、かんたんにはきえないことばのこと。もともと、詩《し》は、儀式《ぎしき》のとき、歌《うた》うように声《こえ》にだしてとなえるものだった。

かきじゅん　13画《かく》

丶 亠 亠 亖 言 言 言 訁 計 詁 詰 詩 詩

ことばのれい

詩人《しじん》・詩集《ししゅう》・詩歌《しいか》・詩作《しさく》・漢詩《かんし》

次

くんよみ　つぎ・つ−ぐ

おんよみ　ジ・（シ）

むかしのかん字

はやわかり　となえことば

よこむいて　ためいきつく人《ひと》　次《つぎ》の文字《もじ》

なりたち

次《つぎ・ジ》は、さいしょ、なげく（かなしく思《おも》う）ことをあらわした字《じ》だった。むかしのかん字《じ》は、よこをむいて、ためいきをついている人《ひと》のすがた。「てん、てん」が、なんどもついたためいきをあらわしている。

あとになって、二番目《にばんめ》をあらわす「つぎ」につかわれるようになった。

かきじゅん　6画《かく》

、 冫 冫 次 次 次

ことばのれい

次回《じかい》・次期《じき》・次男《じなん》・次女《じじょ》・次元《じげん》・目次《もくじ》・二次会《にじかい》・次第《しだい》

くんよみ こと

事

おんよみ ジ

むかしのかん字

はやわかり　となえことば

まつりには
木《き》のえだ
かかげる
行事《ぎょうじ》の事《じ》

なりたち

事《こと・ジ》のむかしのかん字《じ》のなかに、手《て》（　）があるよ。見《み》つけてごらん。事《ジ》は、　を手（　）でもつ形。

　は、　《サイ》（いのりのことばを入《い》れたうつわ）をくりつけた木《き》に、ふきながしをつけたもの。山《やま》や川《かわ》で大《おお》きな祭《まつ》りをするときには、これをかかげて行《い》った。その祭《まつ》りを「大事《だいじ》」といった。

使《シ》のなりたちも見《み》てみよう（84ページ）。

かきじゅん

一　…　事

8画《かく》

ことばのれい

物事《ものごと》・仕事《しごと》・事実《じじつ》・事件《じけん》・事故《じこ》・無事《ぶじ》・食事《しょくじ》・用事《ようじ》・火事《かじ》・記事《きじ》

持

くんよみ　も-つ

おんよみ　ジ

むかしのかん字

はやわかり　となえことば

寺《てら》の字《じ》に
てへんをつけて
手《て》に持《も》つ　持《じ》

なりたち

もともと、寺《ジ》は、「ものをじっともちつづけること」をあらわす字《じ》だった。でも、寺《ジ》が「おてら」のいみにつかわれるようになったので、「ものをもつ」「もちつづける」といういみの字《じ》として、手（扌・てへん）をくわえて、持《も-つ・ジ》がつくられた。

かきじゅん　9画《かく》

一 十 扌 扌 扌 扌 持 持 持

ことばのれい

持《も》ち主《ぬし》・持《も》ち物《もの》・金持《かねも》ち・力持《ちからも》ち・気持《きも》ち・持続《じぞく》・持久力《じきゅうりょく》・支持《しじ》

くんよみ

式

おんよみ
シキ

むかしのかん字

はやわかり　となえことば

まじないの どうぐが 二《ふた》つ 式《しき》の文字《もじ》

なりたち

かん字《じ》ができた時代《じだい》、だいじな道具《どうぐ》や武器《ぶき》は、まじないのときにもつかわれた。

式《シキ》は、弋《(よく)》と工《こう》をあわせた形《かたち》だよ。弋《(よく)》は、ひもをつけてとばす矢《や》で、工《こう》は、いのるときに左手《ひだりて》にもつ道具《どうぐ》。式《シキ》は、この二《ふた》つの道具《どうぐ》で、はらいきよめて、正《ただ》しい状態《じょうたい》にすることをあらわした字《じ》。「お手本《てほん》になる正《ただ》しいやりかた」といういみだ。

かきじゅん

一 二 亍 亍 式 式　6画《かく》

ことばのれい

式典《しきてん》・式場《しきじょう》・正式《せいしき》・方式《ほうしき》・形式《けいしき》・和式《わしき》・入学式《にゅうがくしき》・卒業式《そつぎょうしき》・数式《すうしき》

実

くんよみ み・みの-る

おんよみ ジツ

むかしのかん字

（實）

はやわかり となえことば

おそなえの 貝《かい》のお金《かね》が たっぷりの実《じつ》

なりたち

実《み・ジツ》の、もとの字《じ》は實。宀（うかんむり）と貫《かん》をあわせた形《かたち》だよ。貫《かん》は、お金《かね》につかった貝《かい》にひもを通《とお》して、つづった形《かたち》。宀（うかんむり）は、祖先《そせん》をまつるたてものをあらわすよ。だから、実《ジツ》（實）は、お金《かね》につかう貝《かい》をどっさりおそなえすること。「みちること」「みのること」といういみにつかわれる字《じ》。

かきじゅん 8画《かく》

ことばのれい

実《み》り・木《き》の実《み》・実力《じつりょく》・実行《じっこう》・実際《じっさい》・実験《じっけん》・真実《しんじつ》・現実《げんじつ》・誠実《せいじつ》・無実《むじつ》

写

くんよみ　うつ-す

おんよみ　シャ

むかしのかん字

（寫）

はやわかり　となえことば

とくべつな
くつに
はきかえる
写《しゃ》の文字《もじ》だ

なりたち

写《うつ-す・シャ》の、もとの字《じ》は寫。舄《(せき)》は、かざりのついた儀式用《ぎしきよう》のくつ。宀（うかんむり）は、祖先《そせん》をまつるたてもの。

むかし、祖先《そせん》をまつる儀式《ぎしき》のときに、くつをはきかえるならわしがあったようだ。写《シャ》（寫）は、それをあらわした字《じ》。

はきかえるから、「うつしかえる」といういみになり、やがて、「書《か》き写《うつ》す」「写真《しゃしん》に写《うつ》す」などとつかわれるようになった。

かきじゅん　5画《かく》

ことばのれい

写《うつ》し絵《え》・写真《しゃしん》・写生《しゃせい》・映写《えいしゃ》・描写《びょうしゃ》

くんよみ もの

おんよみ シャ

者

はやわかり となえことば

者《しゃ》のもとは 土《つち》にうめた おまじない

むかしのかん字

なりたち

むかし、まちをまもるために、土手《どて》や城《じょう》へきで、まちをとりかこんだ。そして、そのかこいに、まよけのお札《ふだ》をうめた。

者《もの・シャ》は、それをあらわした字《じ》。

むかしのかん字《じ》は、まじないの札《ふだ》を入《い》れたうつわの𠙵《サイ》に、木《き》のえだや土《つち》をかけて、かくしている形《かたち》だよ。

者《シャ》が「もの」のいみにつかわれるのは、あとになってからのこと。

かきじゅん 8画《かく》

一 十 土 耂 耂 者 者 者

ことばのれい

若者《わかもの》・作者《さくしゃ》・読者《どくしゃ》・役者《やくしゃ》・走者《そうしゃ》・学者《がくしゃ》・医者《いしゃ》

くんよみ

ぬし・おも

主

おんよみ

シュ

はやわかり　となえことば

じっとして
もえる
ほのおのかたちが主《しゅ》

むかしのかん字

なりたち

電気《でんき》がなかった時代《じだい》、火《ひ》のあかりは
とくべつなものだった。
主《ぬし・シュ》は、ほのおの形《かたち》からできた字《じ》。
→→主と、形《かたち》がかわったよ。
さいしょはほのおだけで、つぎに、台《だい》
とあぶらの皿《さら》がくわわった。
火《ひ》のあかりはとてもたいせつなもの
だったので、一族《いちぞく》のあるじが、その火《ひ》
をまもるやくめをした。「主人《しゅじん》」とは、
あかりをまもる一族《いちぞく》のかしらのこと。

かきじゅん　5画《かく》

、　亠　亍　丰　主

ことばのれい

家主《やぬし》・持《も》ち主《ぬし》・主役《しゅやく》・主力《しゅりょく》・主食《しゅしょく》・
主語《しゅご》・主権《しゅけん》・店主《てんしゅ》

守

くんよみ　まも-る・（もり）

おんよみ　シュ・ス

むかしのかん字

はやわかり　となえことば

手《て》（寸）で　しごとして　守《まも》ること

なりたち

守《まもーる・シュ》は、宀（うかんむり）と寸《すん》。宀（うかんむり）は、やねの形《かたち》で、祖《そ》先《せん》をまつるたてものをあらわすよ。寸《すん》（⺕）は、手《て》の形《かたち》。ここでは、たいせつな人《ひと》や場所《ばしょ》をまもることをあらわしている。

守《シュ》は、いまでは、いろいろなものを「まもる」いみにつかわれる。

かきじゅん　6画《かく》

丶　丷　宀　宀　守　守

ことばのれい

お守《まも》り・守《まも》り神《がみ》・子守《こもり》・守備《しゅび》・守護《しゅご》・守衛《しゅえい》・攻守《こうしゅ》・死守《ししゅ》・保守《ほしゅ》・留守《るす》

くんよみ　と-る

取

おんよみ　シュ

むかしのかん字

はやわかり　となえことば

右手《みぎて》（又）で耳《みみ》を
つかんで
取《と》る

なりたち

取《と-る・シュ》は、耳《みみ》と又《(ゆう)》をあわせた字《じ》。

又《(ゆう)》（）は、手《て》だよ。

取《シュ》は、耳《みみ》を手《て》（又）で「とる」ことをあらわした字《じ》。

むかし、いくさで敵《てき》をうちとったしるしに、耳《みみ》を取《と》って、もちかえったのだという。それによって、てがらがきまった。

取《シュ》は、それをあらわした形《かたち》。

かきじゅん　8画《かく》

一 丅 F F E 耳 耳 取

ことばのれい

取《と》り組《く》み・取《と》り引《ひ》き・間取《まど》り・取材《しゅざい》・取得《しゅとく》・進取《しんしゅ》・採取《さいしゅ》

くんよみ　さけ・さか

酒

おんよみ　シュ

むかしのかん字

はやわかり　となえことば

さんずいの　となりは　酒《さか》だる　酒《さけ》の文字《もじ》

なりたち

酒《さけ・シュ》は、氵（さんずい）と酉《ゆう》とを組《く》みあわせた形《かたち》。

酉《ゆう》は、おさけをいれるたるやかめの形《かたち》で、酒《さけ》のもとの字《じ》だ。

いまから三千年以上《さんぜんねんいじょう》まえ、かん字《じ》をつくった殷《いん》の国《くに》では、祭《まつ》りや儀式《ぎしき》に酒《さけ》をつかうことが多《おお》かったようだ。

かきじゅん　10画《かく》

、 冫 氵 汀 沂 沔 洒 洒 酒 酒

ことばのれい

地酒《じざけ》・酒屋《さかや》・酒造《しゅぞう》・飲酒《いんしゅ》・禁酒《きんしゅ》・清酒《せいしゅ》・洋酒《ようしゅ》・日本酒《にほんしゅ》

くんよみ
うーける

おんよみ
ジュ

受

むかしのかん字

なりたち

受《うーける・ジュ》のむかしのかん字《じ》は、上《うえ》の手《て》(　)と下《した》の手《て》(　)のあいだに、いれもの(　)がある形《かたち》だよ。受《ジュ》は、いれものに入《い》れて、手《て》から手《て》へ受《う》けわたすことをあらわしている。

！受《ジュ》はさいしょ、「あたえる」と「うけとる」の両方《りょうほう》のいみをあらわした。あとから授《ジュ》（さずける）の字《じ》ができて、受《ジュ》は「うけとる」だけにつかうようになったんだ。

はやわかり　となえことば

手《て》から手《て》へ
いれものに入《い》れて
受《う》けわたす

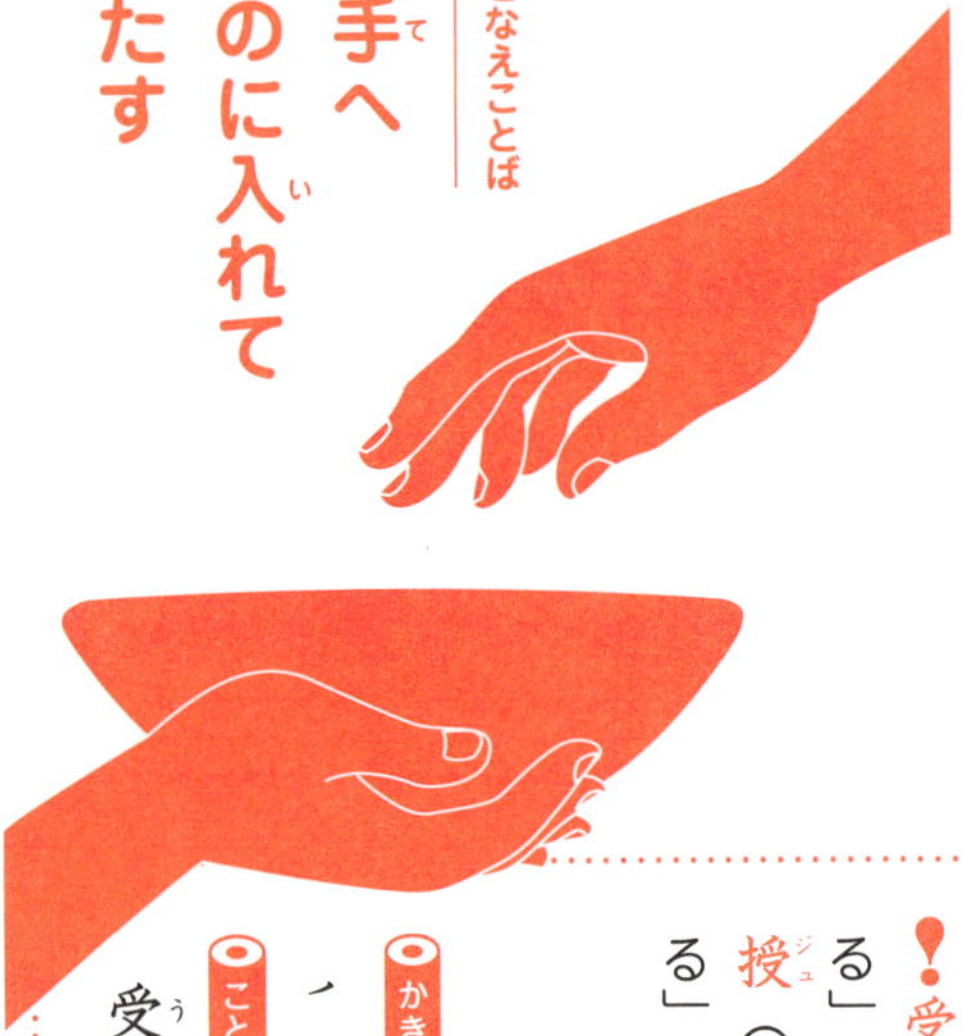

かきじゅん　8画《かく》

ことばのれい

受《う》け皿《ざら》・受信《じゅしん》・受注《じゅちゅう》・受験《じゅけん》・受賞《じゅしょう》

くんよみ　（す）

州

おんよみ　シュウ

むかしのかん字

はやわかり　となえことば

川《かわ》のなか
てん、てん、てんで
州《しゅう》の字《じ》だ

なりたち

州《す・シュウ》とは、川《かわ》のながれのなかの、小《ちい》さな島《しま》のようなところ。見《み》たことがあるかな？　絵《え》とむかしのかん字《じ》を見《み》ると、それがわかるよ。

州《シュウ》は、やがて、地域《ちいき》をあらわすときにもつかう字《じ》になった。日本《にほん》でも、「九州《きゅうしゅう》」や「信州《しんしゅう》」などというね。

かきじゅん　6画《かく》

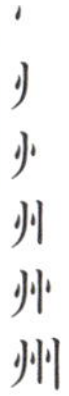

ことばのれい

本州《ほんしゅう》・九州《きゅうしゅう》・信州《しんしゅう》・欧州《おうしゅう》・豪州《ごうしゅう》・中州《なかす》・三角州《さんかくす》

くんよみ　ひろ-う

拾

おんよみ　（シュウ）

むかしのかん字

はやわかり　となえことば

てへんに
合《あ》うで
拾《ひろ》うという字《じ》

なりたち

拾《ひろ-う・シュウ》は、扌（てへん）と合《ゴウ》だよ。「ひろう」といういみの字《じ》だ。合《ゴウ》は、うつわの𠙵《サイ》（口）に、ぴったりとふたをする形《かたち》。でも、この字《じ》に合《ゴウ》がある理由《りゆう》は、よくわかっていないらしい。
「手《て》（扌）を合《あ》わせて拾《ひろ》う」とおぼえてもいいね。

かきじゅん　9画《かく》

一 十 扌 扌 扒 扲 拎 拾 拾

ことばのれい

拾《ひろ》い物《もの》・球拾《たまひろ》い・命拾《いのちびろ》い・拾得《しゅうとく》・拾集《しゅうしゅう》・収拾《しゅうしゅう》

くんよみ　お-わる

終

おんよみ　シュウ

むかしのかん字

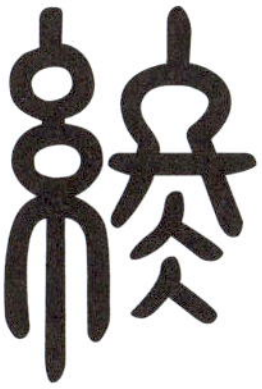

はやわかり　となえことば

糸《いと》の終《お》わりを
むすんだかたちから
できた終《しゅう》

なりたち

終《おーわる・シュウ》は、糸（いとへん）と冬《トウ》だね。

さいしょは、冬《トウ》が「おわり」をあらわす字《じ》だった。

冬《トウ》のむかしのかん字《じ》はで、糸《いと》のりょうはし（おわり）をむすんだ形《かたち》。

冬《トウ》が季節《きせつ》をあらわす「ふゆ」につかわれるようになったので、「おわり」をあらわすために、糸《いと》をくわえて終《シュウ》の字《じ》がつくられた。

かきじゅん

11画《かく》

く　幺　幺　糸　糸　糸　紁　紁　終　終　終

ことばのれい

終了《しゅうりょう》・終日《しゅうじつ》・終電《しゅうでん》・終点《しゅうてん》・終戦《しゅうせん》・終業式《しゅうぎょうしき》・始終《しじゅう》・最終《さいしゅう》

習

くんよみ　ならーう

おんよみ　シュウ

むかしのかん字

はやわかり　となえことば

羽《はね》でうつわを
なんどもこすって
習《なら》いごと

なりたち

習《ならーう・シュウ》は、羽《はね》に白《しろ》と書《か》く。でも、もともとは、羽《はね》と曰《えつ》だった。

曰《えつ》は、うつわの𠙵《サイ》（口）に、いのりの文《ぶん》が入《はい》っている形《かたち》。

習《シュウ》は、そのうつわを鳥《とり》の羽《はね》でなんどもこすって、いのりの力《ちから》を強《つよ》めることをあらわした字《じ》だ。

くりかえし、なんどもこするので、「くりかえす」「ならう」「なれる」といういみがある。なにかを習《なら》うときには、なんどもくりかえすからね。

かきじゅん　11画《かく》

ことばのれい

習《なら》い事《ごと》・見習《みなら》い・習字《しゅうじ》・練習《れんしゅう》・学習《がくしゅう》

集

くんよみ　あつ-まる（つど-う）

おんよみ　シュウ

むかしのかん字

はやわかり　となえことば

たくさんの とり（隹）が 集《あつ》まり 木《き》に とまる

なりたち

集《あつ-まる・シュウ》は、「あつまる」といういみの字《じ》だ。隹《すい》は、「とり」だよ。

むかしのかん字《じ》を見《み》てごらん。木《き》の上《うえ》に「とり」が三羽《さんわ》とまっているね。かん字《じ》では、同《おな》じ形《かたち》を三《みっ》つ書《か》いて、「たくさんある（いる）」ことをあらわすんだ。

集《シュウ》は、たくさんのとりが、木《き》に集《あつ》まって、とまっているようすからできた字《じ》。

かきじゅん　12画《かく》

ことばのれい

人集《ひとあつ》め・集《つど》い・集合《しゅうごう》・集中《しゅうちゅう》・集会《しゅうかい》・集金《しゅうきん》・採集《さいしゅう》・文集《ぶんしゅう》・写真集《しゃしんしゅう》・詩集《ししゅう》

くんよみ　すーむ

住

おんよみ　ジュウ

はやわかり　となえことば

にんべんに
主《しゅ》の字《じ》を
かいて
人《ひと》が住《す》む

なりたち

住《すむ・ジュウ》は、亻（にんべん）と主《シュ》。主《シュ》は、あかりのほのおの形《かたち》。「じっとしてうごかない」ことをあらわしている。住《ジュウ》は、人《ひと》が、うごかずにそこに住《す》むこと。

！主《シュ》のなりたちは、96ページを見《み》てね。

かきじゅん　7画《かく》

ノ　亻　亻　仁　什　住　住

ことばのれい

住《す》まい・住所《じゅうしょ》・住居《じゅうきょ》・住民《じゅうみん》・住人《じゅうにん》・移住《いじゅう》・定住《ていじゅう》・先住民《せんじゅうみん》・衣食住《いしょくじゅう》

くんよみ
おも-い
かさ-なる・え

重

おんよみ
ジュウ・チョウ

むかしのかん字

はやわかり となえことば

ふくろの下《した》に
土《つち》のおもりで
重《おも》くなる

なりたち

重《おも-い・ジュウ》は、ものをつめたふくろに、おもりをつけた形《かたち》なんだ。それで、「おもい」といういみをあらわした。

むかしのかん字《じ》を見《み》てみよう。ふくろの上《うえ》と下《した》をしばって、その下《した》におもりをつけている。ふくろが東《とう》の字《じ》で、おもりが土《つち》。

重《ジュウ》は、東《とう》と土《つち》をあわせた字《じ》なんだよ。

かきじゅん 9画《かく》

一 二 千 斤 育 盲 审 重 重

ことばのれい

重荷《おもに》・重《かさ》ね着《ぎ》・三重県《みえけん》・重力《じゅうりょく》・重心《じゅうしん》・重要《じゅうよう》・重大《じゅうだい》・体重《たいじゅう》・貴重《きちょう》・慎重《しんちょう》

くんよみ やど・やど-る

宿

おんよみ シュク

はやわかり となえことば

やねの下《した》
人《ひと》がねている
宿《やど》のこと

むかしのかん字

なりたち

宿《やど・シュク》の、むかしのかん字《じ》を見《み》てごらん。たてもの（ ）のなかに、しきもの（ ）をしいて、そこに人《ひと》（ ）がねている。
宿《シュク》は、祖先《そせん》をまつるたてものにとまって、番《ばん》をすることをあらわした字《じ》。「宿直《しゅくちょく》」というよ。

かきじゅん 11画《かく》

ことばのれい

宿屋《やどや》・雨宿《あまやど》り・宿泊《しゅくはく》・宿舎《しゅくしゃ》・宿題《しゅくだい》・宿敵《しゅくてき》・宿命《しゅくめい》・合宿《がっしゅく》・民宿《みんしゅく》

くんよみ　ところ

所

おんよみ　ショ

むかしのかん字

はやわかり　となえことば

だいじな所《ところ》
その戸《と》を
おの（斤）で
まもります

なりたち

所《ところ・ショ》は、戸《と》と斤《おの》をあわせた形《かたち》。戸《と》は、神《かみ》だなのとびらをあらわしている。その戸《と》を斤《おの》でまもることをあらわしたのが、所《ショ》。
神聖《しんせい》な「ところ」といういみだ。

かきじゅん　8画《かく》

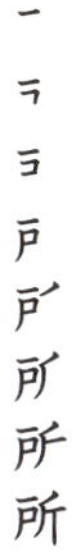

ことばのれい

台所《だいどころ》・所有《しょゆう》・所在《しょざい》・住所《じゅうしょ》・短所《たんしょ》・長所《ちょうしょ》・名所《めいしょ》・高所《こうしょ》・役所《やくしょ》

くんよみ　あつ-い

暑

おんよみ　ショ

むかしのかん字

はやわかり　となえことば

者《しゃ》の上《うえ》に
お日《ひ》さまてってる
暑《あつ》い日《ひ》だ

なりたち

暑《あつ-い・ショ》は、夏《なつ》に「あつい、あつい」というときにつかう字《じ》だ。日《ひ》と者《シャ》とに分《わ》けられるよ。

者《シャ》は、まよけの札《ふだ》をうめた土《つち》のかきねをあらわす形《かたち》だけど、ここでは、音《おん》をあらわすだけのやくめ。

かきじゅん　12画《かく》

ことばのれい

暑苦《あつくる》しい・むし暑《あつ》い・暑中見舞《しょちゅうみま》い・残暑《ざんしょ》・猛暑《もうしょ》・避暑《ひしょ》

くんよみ

助

たすーける

おんよみ

ジョ

むかしのかん字

はやわかり　となえことば

且《しょ》と力《ちから》
たがやすどうぐで
助《たす》けあう

なりたち

助《たすーける・ジョ》は、「たすける」という字《じ》。むかしの人《ひと》は、なんの形《かたち》で、たすけることをあらわしたんだろう。

助《ジョ》は、且《(しょ)》と力《りょく》をあわせた形《かたち》。且《(しょ)》も力《りょく》も、どちらも田畑《たはた》をつくるときの道具《どうぐ》なんだ。

且《(しょ)》は、草《くさ》をかる道具《どうぐ》。力《りょく》は、土《つち》をたがやす道具《どうぐ》。この二《ふた》つの道具《どうぐ》が、農作《のうさ》業《ぎょう》を助《たす》けたんだね。

かきじゅん

丨 冂 冃 月 且 助 助

7画《かく》

ことばのれい

手助《てだす》け・助言《じょげん》・助走《じょそう》・助手《じょしゅ》・救助《きゅうじょ》・援助《えんじょ》・介助《かいじょ》・補助《ほじょ》

くんよみ

昭

おんよみ

シヨウ

むかしのかん字

はやわかり　となえことば

もともとは
あきらか
というい み
昭和《しょうわ》の昭《しょう》

なりたち

昭《ショウ》は、日（ひへん）と召《ショウ》とに分《わ》けられる字《じ》。召《ショウ》は、いのりにこたえて、神《かみ》がおりてくることをあらわした形《かたち》。「招《まね》く」のもとの字《じ》なんだ。昭《ショウ》は、神《かみ》の力《ちから》が、日《ひ》のかがやきのように、あきらかなことをあらわした字《じ》。

かきじゅん　9画《かく》

丨 冂 日 日 日フ 日刀 日刀 昭 昭

ことばのれい

昭和《しょうわ》

消

くんよみ　きーえる・けーす

おんよみ　ショウ

むかしのかん字

はやわかり　となえことば

だんだんと　水《みず》たまりの水《みず》が　消《き》えていく

なりたち

雨《あめ》がやんで、晴《は》れると、いつのまにか、水《みず》たまりがなくなっている。消《きーえる・ショウ》は、そんなふうに、水《みず》が「きえる」ことからできた字《じ》。だから、氵（さんずい）なんだね。肖《ショウ》は、こまぎれの肉《にく》の形《かたち》で、ここでは、やがて消《き》えてなくなることをあらわしている。

かきじゅん　10画《かく》

丶 冫 氵 氵 氵 氵 消 消 消 消

ことばのれい

立《た》ち消《ぎ》え・消印《けしいん》・取《と》り消《け》し・消防《しょうぼう》・消費《しょうひ》・消化《しょうか》・消火《しょうか》・消極的《しょうきょくてき》・解消《かいしょう》

くんよみ

商（あきな-う）

おんよみ

ショウ

むかしのかん字

はやわかり となえことば

**ものと金《かね》
やりとりするのが
商売《しょうばい》の商《しょう》**

商《ショウ》の字《じ》の形《かたち》は、台《だい》の上《うえ》にはりをたてて、賞罰《しょうばつ》をうらなう形《かたち》。

商《ショウ》のもともとのいみは、賞罰《しょうばつ》をあたえること。よいことをしたかわりに賞《しょう》をあげて、わるいことをしたかわりに罰《ばつ》をあたえる、ということだ。

それが、ものを手《て》に入《い》れるためにお金《かね》をはらう、「商売《しょうばい》」の商《ショウ》につかわれるようになった。

かきじゅん

11画《かく》

ことばのれい

商《あきな》い・商店《しょうてん》・商品《しょうひん》・商業《しょうぎょう》・商人《しょうにん》・商社《しょうしゃ》・士農工商《しのうこうしょう》

くんよみ

章

おんよみ

ショウ

むかしのかん字

はやわかり　となえことば

はりとすみ
むかしの
きれいな
入《い》れずみの章《しょう》

古代《こだい》の中国《ちゅうごく》では、成人式《せいじんしき》のしるしとして、入《い》れずみをする習慣《しゅうかん》があった。章《ショウ》という字《じ》は、入《い》れずみのはりの形《かたち》。むかしのかん字《じ》を見《み》てごらん。とってのついたはり（）に、「すみだまり」がついているよ。

！文《ぶん》は、むねにまよけのもようを書《か》いた形《かたち》。「文章《ぶんしょう》」とは、もともとは、色《いろ》あざやかな入《い》れずみのことをいった。

かきじゅん　11画《かく》

ことばのれい

章節《しょうせつ》・文章《ぶんしょう》・校章《こうしょう》・序章《じょしょう》・終章《しゅうしょう》

勝

くんよみ　かーつ・（まさーる）

おんよみ　ショウ

むかしのかん字

はやわかり　となえことば

去年《きょねん》に勝《まさ》る豊作《ほうさく》ねがう
勝《しょう》の文字《もじ》

なりたち

勝《かーつ・ショウ》という字《じ》は、ちょっとややこしいね。むかしのかん字《じ》を見《み》てみよう。（月）は、いれもの。は、両手《りょうて》。その下《した》のは力《りょく》で、田畑《たはた》をたがやす道具《どうぐ》のすき。

勝《ショウ》は、そなえものをささげ、すきにいのりをこめて、豊作《ほうさく》をねがう形《かたち》の字《じ》。それでよい結果《けっか》になることを、勝《ショウ》といった。

かきじゅん　12画《かく》

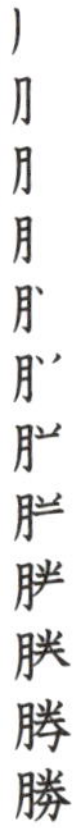

ことばのれい

勝《か》ち負《ま》け・勝負《しょうぶ》・勝利《しょうり》・勝敗《しょうはい》・優勝《ゆうしょう》・決勝《けっしょう》・必勝《ひっしょう》・連勝《れんしょう》

乗

くんよみ　の－る

おんよみ　ジョウ

むかしのかん字

はやわかり　となえことば

木《き》の上《うえ》に人《ひと》が乗《の》ってる
乗《じょう》の字《じ》だ

なりたち

むかし、戦争《せんそう》などのとき、高《たか》い木《き》にのぼって、見《み》はりをした。乗《ジョウ》は、それをあらわした字《じ》だ。

木《き》の上《うえ》に人《ひと》がのっている形《かたち》だよ。

むかしのかん字《じ》を見《み》ると、よくわかる。

かきじゅん　9画《かく》

ことばのれい

乗《の》り物《もの》・乗《の》り換《か》え・船乗《ふなの》り・乗客《じょうきゃく》・乗馬《じょうば》・乗車《じょうしゃ》・同乗《どうじょう》・便乗《びんじょう》

植

くんよみ　うーえる

おんよみ　ショク

むかしのかん字

はやわかり　となえことば

きへんに直《ちょく》で　木《き》をまっすぐに植《う》えること

なりたち

植《うーえる・ショク》は、木（きへん）に直《チョク》と書《か》く。

直《チョク》は、まっすぐにものを見《み》ることをあらわした字《じ》。それで、「まっすぐ」といういみになった。

植《ショク》は、木《き》をまっすぐに立《た》てて植《う》えることをあらわした形《かたち》。

かきじゅん　12画《かく》

一 十 才 木 杠 杜 杜 枯 栯 植 植 植

ことばのれい

植《う》えこみ・植木《うえき》・田植《たう》え・植物《しょくぶつ》・植林《しょくりん》・植樹《しょくじゅ》・植民地《しょくみんち》・移植《いしょく》

くんよみ　もう-す

申

おんよみ　（シン）

むかしのかん字

はやわかり　となえことば

かみなりの
いなずまの
かたち
申《しん》の文字《もじ》

なりたち

申《もう-す・シン》は、いなずまの形《かたち》からできた字《じ》だ。いなずまは空《そら》のかみさまだと、むかしの人《ひと》は考《かんが》えた。それで、さいしょ、申《シン》が「かみ」のいみにつかわれていた。

やがて、申《シン》が「もうす」（ものを言《い》うこと）のいみにつかわれるようになったので、申《シン》に示《しめ-す》（ネ）をつけて、神《かみ》という字《じ》がつくられた。

！神《かみ》のなりたちは、123ページを見《み》てね。

かきじゅん　5画《かく》

丨　冂　日　日　申

ことばのれい

申《もう》し込《こ》み・申《もう》し立《た》て・申告《しんこく》・申請《しんせい》・答申《とうしん》

くんよみ　み

身

おんよみ　シン

むかしのかん字

はやわかり　となえことば

あかちゃんが
おなかにいるよ
身《しん》の文字《もじ》

なりたち

身《み・シン》のむかしのかん字《じ》は、おなかのふくらんだ人《ひと》が、よこをむいて立《た》つ形《かたち》。身《シン》は、おなかに赤《あか》ちゃんがいる人《ひと》のすがたからできた字《じ》なんだ。妊娠《にんしん》することを「身《み》ごもる」ともいうよ。

やがて、身《シン》は、身体《しんたい》（からだ）をあらわす字《じ》になった。

かきじゅん　7画《かく》

ことばのれい

身《み》ぶり・身軽《みがる》・身元《みもと》・中身《なかみ》・受《う》け身《み》・身長《しんちょう》・全身《ぜんしん》・心身《しんしん》・変身《へんしん》

くんよみ

神

かみ

おんよみ

シン・ジン

はやわかり　となえことば

もとは申《しん》
つくえをそえて
神《かみ》の文字《もじ》

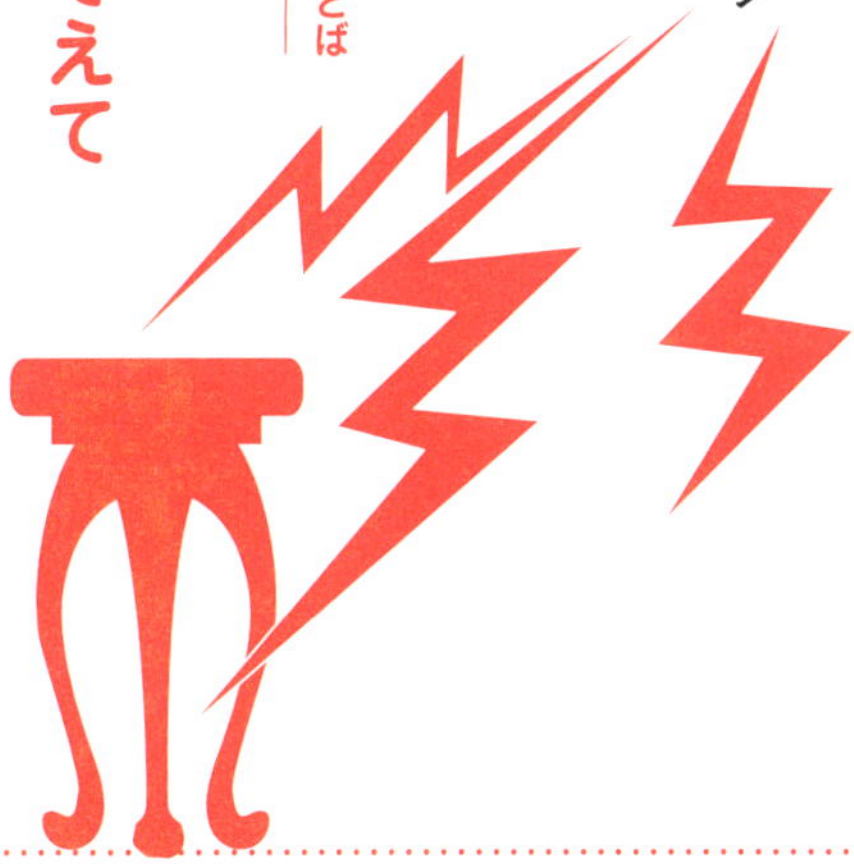

むかしのかん字

なりたち

神《かみ・シン》の、もとの字《じ》は申《シン》。申《シン》は、いなずまの形《かたち》。いなずまは空《そら》の「かみさま」だと、むかしの人《ひと》は考《かんが》えたんだ。

でも、申《シン》がべつのいみにつかわれるようになったので、申《シン》に、かみをまつるつくえの示《しめす》（ネ・しめすへん）をつけて、神《かみ》（神）の字《じ》がつくられた。

だから、神《シン》（申《シン》）のなりたちは空《そら》のかみ。社《シャ》（土《つち》）は地《ち》のかみ。

かきじゅん　9画《かく》

、ラネネネ初和和神

ことばのれい

神業《かみわざ》・女神《めがみ》・氏神《うじがみ》・神話《しんわ》・神父《しんぷ》・神聖《しんせい》・神経《しんけい》・精神《せいしん》・神社《じんじゃ》

くんよみ　ま

おんよみ　シン

真

むかしのかん字　眞

はやわかり　となえことば

もともとは　道《みち》にたおれた　人《ひと》が真《しん》

なりたち

真《ま・シン》は、思《おも》いがけない不幸《ふこう》なことにあって、道《みち》にたおれて死《し》んだ人《ひと》をあらわした字《じ》。そうした人《ひと》は、たいせつにほうむられた。

もとの字《じ》は眞《シン》で、匕《（か）》と県《けん》をあわせた形《かたち》。匕《（か）》は死者《ししゃ》をあらわす。県《けん》は、首《くび》をさかさまにした形《かたち》。

死《し》んだ人《ひと》は自然《しぜん》の一部《いちぶ》になって、人《ひと》の力《ちから》をこえたものになる。それで真《シン》は、「真実《しんじつ》」「まこと」「永遠《えいえん》のもの」といういみにつかわれるようになった。

かきじゅん　10画《かく》

ことばのれい

真心《まごころ》・真《ま》ん中《なか》・真剣《しんけん》・真空《しんくう》・迫真《はくしん》

くんよみ

深

ふか-い

おんよみ

シン

むかしのかん字

はやわかり　となえことば

深《ふか》い深《ふか》い
水《みず》の中《なか》までさがしもの

なりたち

深《ふか-い・シン》の、右《みぎ》がわの罙（　）は、手《て》（　）に火《ひ》（　）をかざして、おくぶかいどうくつ（穴《あな》・　）のなかを探検《たんけん》することをあらわしている。

さんずい（　・　）がついた深《シン》のもともとのいみは、ふかい水《みず》のなかをさぐること。

！「探検《たんけん》」の探《タン》は、扌（てへん）だよ。

かきじゅん　11画《かく》

ことばのれい

深手《ふかで》・目深《まぶか》・深海《しんかい》・深夜《しんや》・深遠《しんえん》・深呼吸《しんこきゅう》・深度《しんど》・水深《すいしん》

進

くんよみ　すす-む

おんよみ　シン

はやわかり　となえことば

隹《すい》は　とり
とりが教《おし》えた
進《すす》む道《みち》

むかしのかん字

なりたち

かん字《じ》ができた時代《じだい》、鳥《とり》は、神《かみ》のつかいだと信《しん》じられていた。だから、むかしの人《ひと》は、鳥《とり》を見《み》て、さまざまなことをうらなった。

進《すすーむ・シン》のなかの隹《すい》は、「とり」の形《かたち》。辶（しんにょう）は、「行《い》く」「すすむ」といういみをあらわす。

進《シン》は、とり（隹《すい》）にみちびかれて、進軍《しんぐん》する（軍《ぐん》を進《すす》める）ことをあらわした字《じ》。

かきじゅん　11画《かく》

ノ　イ　亻'　仆　什　件　隹　隹　隹　𨙸　進

ことばのれい

進入《しんにゅう》・進行《しんこう》・進学《しんがく》・進級《しんきゅう》・進歩《しんぽ》・進出《しんしゅつ》・行進《こうしん》・直進《ちょくしん》・発進《はっしん》・前進《ぜんしん》

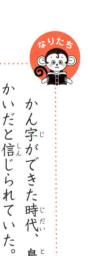

くんよみ

世

よ

おんよみ

セ・セイ

むかしのかん字

はやわかり　となえことば

木《き》のえだに
芽《め》がでて
やがて
えだになる
世《よ》

なりたち

世《よ・せ》のむかしのかん字《じ》は、木《き》のえだから芽《め》が出《で》ているところ。新《あたら》しい芽《め》がはえて、それもえだになっていく。それで、世《よ・せ》は、新《あたら》しい「世《せ》代《だい》」をあらわしているんだ。

！親子《おやこ》は「二世代《にせだい》」、おじいさん・おばあさんから孫《まご》までは「三世代《さんせだい》」というよ。

かきじゅん　5画《かく》

一　十　卄　廿　世

ことばのれい

世《よ》の中《なか》・世論《よろん》・世界《せかい》・世間《せけん》・世話《せわ》・出世《しゅっせ》・世紀《せいき》・後世《こうせい》

くんよみ　ととの-える

おんよみ　セイ

整

むかしのかん字

はやわかり　となえことば

まきたばを　きちんと　たばねる　整《せい》の文字《もじ》

なりたち

整《ととの-える・セイ》は、「ととのえる」といういみの字《じ》だ。敕《ちょく》と正《セイ》とに分《わ》けられるよ。敕《ちょく》は、束《そく》（まきのたば）と攵（むちづくり）。まきをきちんとたばねることをあらわす形《かたち》だ。

整《セイ》は、ばらばらになっているものを、正《ただ》しく整《ととの》えることをあらわした字《じ》。

かきじゅん　16画《かく》

ことばのれい

整理《せいり》・整列《せいれつ》・整形《せいけい》・整地《せいち》・整然《せいぜん》・整備《せいび》・調整《ちょうせい》・修整《しゅうせい》

くんよみ

昔

むかし

おんよみ

（セキ）・（シャク）

むかしのかん字

はやわかり　となえことば

**うす切《ぎ》りの
ほし肉《にく》の
かたちが
昔《むかし》につかわれ**

なりたち

昔《むかし・セキ》は、乾燥《かんそう》させた肉《にく》をかさねた形《かたち》。日《ひ》にほして乾燥《かんそう》させた肉《にく》だから、おひさまの日《ひ》がつくんだよ。

　それが、「むかし」をあらわす字《じ》につかわれるようになった。

「むかし」や「いま」など、形《かたち》にかきあらわすことができないものは、べつの字《じ》をかりて、つかったんだ。

　だから、もとの形《かたち》と、いまのいみが、ぜんぜんちがうんだね。

かきじゅん　8画《かく》

一 十 卄 龷 昔

ことばのれい

昔話《むかしばなし》・大昔《おおむかし》・昔日《せきじつ》・昔年《せきねん》・今昔《こんじゃく》

くんよみ

まったーく

すべーて

全

おんよみ

ゼン

むかしのかん字

はやわかり　となえことば

むかしの人《ひと》の
こしかざり
完全《かんぜん》なものが
全《ぜん》の文字《もじ》

なりたち

古代人《こだいじん》も、いろいろなアクセサリーをつけた。

全《まったーく・ゼン》は、むかしの「こしかざり」の形《かたち》。革《かわ》のおびに、玉《ぎょく》という宝石《ほうせき》をつりさげた。

全《ゼン》とは、その宝石《ほうせき》の玉《ぎょく》が、ほんもので、ちゃんとしていることをいった。「完全《かんぜん》なもの」といういみだ。

かきじゅん　6画《かく》

ノ 入 亼 仒 仐 全

ことばのれい

全部《ぜんぶ》・全体《ぜんたい》・全身《ぜんしん》・全力《ぜんりょく》・全員《ぜんいん》・全国《ぜんこく》・全然《ぜんぜん》・安全《あんぜん》・万全《ばんぜん》・完全《かんぜん》

くんよみ

相《あい》

おんよみ

ソウ・(ショウ)

むかしのかん字

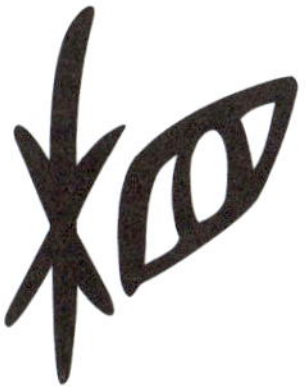

はやわかり　となえことば

目《め》でじっと
木《き》を見《み》ているよ
相《そう》の文字《もじ》

なりたち

相《あい・ソウ》は、木《き》と目《め》だね。木《き》を目《め》で見《み》ることをあらわした形《かたち》だ。

木《き》をじっと見《み》ることは、ただ、木《き》の葉《は》やえだや、みきを見《み》るだけではなくて、木《き》のいのちを見《み》ること。相《ソウ》は、そのように、木《き》と向《む》きあうことをあらわした字《じ》。

それで相《ソウ》は、「たがいに」といういみにつかわれる。

かきじゅん

一 十 才 木 札 机 相 相 相

9画《かく》

ことばのれい

相手《あいて》・相性《あいしょう》・相談《そうだん》・相思相愛《そうしそうあい》・相当《そうとう》・手相《てそう》・真相《しんそう》・首相《しゅしょう》

送

くんよみ おく-る

おんよみ ソウ

むかしのかん字

はやわかり となえことば

さあ、どうぞ　おくりものを　あなたに送《おく》ります

なりたち

送《おく-る・ソウ》のむかしのかん字のなかに、両手《りょうて》()があるよ。見《み》つけてごらん。両手《りょうて》にものをもって、人《ひと》にあげようとしているんだ。

送《ソウ》は、もともとは、人《ひと》におくりものをすることをあらわしていた。それが、やがて、荷物《にもつ》を送《おく》ったり、人《ひと》を見送《みおく》ったりすることにつかわれる字《じ》になった。

(しんにょう)は、うごきをあらわすしるし。

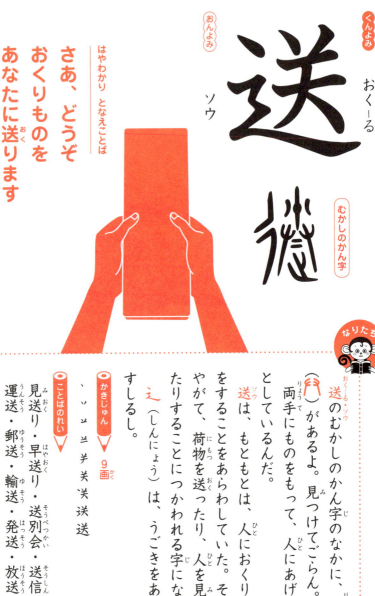

かきじゅん

9画《かく》

、 ソ 䒑 兰 关 关 关 送 送

ことばのれい

見送《みおく》り・早送《はやおく》り・送別会《そうべつかい》・送信《そうしん》・運送《うんそう》・郵送《ゆうそう》・輸送《ゆそう》・発送《はっそう》・放送《ほうそう》

くんよみ (おも-う)

おんよみ ソウ

想

むかしのかん字

はやわかり となえことば

目《め》に見《み》えなくても 心《こころ》のなかで 想像《そうぞう》できる

なりたち

想《ソウ》は、相《ソウ》と心《こころ》とに分《わ》けられるよ。木《き》を目《め》で見《み》て、そのいのちのかよっていることを想像《そうぞう》すること。「想像《そうぞう》する」「心《こころ》におもいえがく」といういみの字《じ》だ。

! 相《ソウ》のなりたちは、131ページを見《み》てね。

かきじゅん 13画《かく》

一 十 才 木 札 机 相 相 相 相 想 想 想

ことばのれい

想像《そうぞう》・想定《そうてい》・感想《かんそう》・予想《よそう》・連想《れんそう》・発想《はっそう》・回想《かいそう》・思想《しそう》・理想《りそう》・空想《くうそう》

くんよみ　いき

おんよみ　ソク

息

むかしのかん字

はやわかり　となえことば

自《じ》ははなで　心《こころ》があって息《いき》をする

なりたち

息《いき・ソク》は、自《じ》と心《こころ》をあわせた字《じ》。自《じ》は、「自分《じぶん》」の自《じ》だけど、もともとは、人間《にんげん》のはなをあらわす字《じ》だった。いきをするはなだ。人《ひと》の心《こころ》のじょうたいや、いのちが、「いき（呼吸《こきゅう》）」にあらわれると考《かんが》えて、はな（自《じ》）と心《こころ》で息《いき》となった。

かきじゅん　10画《かく》

ことばのれい

息《いき》つぎ・ため息《いき》・一息《ひといき》・休息《きゅうそく》・安息《あんそく》・消息《しょうそく》・子息《しそく》・利息《りそく》

くんよみ　はや-い（すみ-やか）

速

おんよみ　ソク

はやわかり　となえことば

まきたばを
しっかり速《はや》く
たばねます

むかしのかん字

なりたち

速《はやーい・ソク》は、束《ソク》と辶（しんにょう）とに分《わ》けられる字《じ》。
束《ソク》は、まきやたきぎをたばねた形《かたち》。
辶（しんにょう）は、うごきをあらわすしるし。
速《ソク》は、まきをたばねるように、ものをすばやく整理《せいり》することをあらわす字《じ》。

！速《はやーい》は、スピード（速度《そくど》）がはやいこと。
早《はやーい》は、時刻《じこく》や時間《じかん》がはやいことにつかう。

かきじゅん　10画《かく》

一 ｢ 戸 戸 申 束 束 涑 涑 速

ことばのれい

速度《そくど》・速球《そっきゅう》・速達《そくたつ》・高速《こうそく》・風速《ふうそく》・急速《きゅうそく》・加速《かそく》

くんよみ

おんよみ

族

ゾク

むかしのかん字

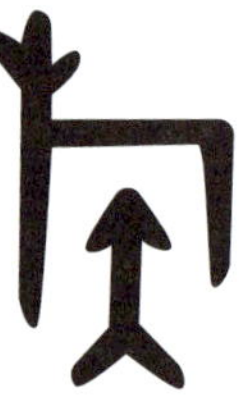

はやわかり　となえことば

一族《いちぞく》が　はたをかかげて　矢《や》でちかう

なりたち

族《ゾク》の、むかしのかん字《じ》を見《み》てごらん。ふきながしをつけた旗《はた》ざお（　）に、矢《や》（　）をそえた形《かたち》だよ。矢《や》は、ちかいの道具《どうぐ》にもつかわれた。族《ゾク》は、旗《はた》のもとでちかいあった一族《いちぞく》（氏族《しぞく》）をあらわした字《じ》。

むかし、一族《いちぞく》で行動《こうどう》するときは、いつも、その一族《いちぞく》の旗《はた》をかかげていったのだという。

かきじゅん

丶 亠 方 方 方 扩 扩 扩 旌 族 族

11画《かく》

ことばのれい

族長《ぞくちょう》・家族《かぞく》・親族《しんぞく》・血族《けつぞく》・民族《みんぞく》・貴族《きぞく》・同族《どうぞく》・水族館《すいぞくかん》

音《おん》よみが「タ行《ぎょう》」「ナ行《ぎょう》」のかん字《じ》

タ

ナ

ともしびの「主《しゅ》」

むかし、あかりの火《ひ》は、たいせつな光《ひかり》だった。主《しゅ》は、そんなあかりの火《ひ》（ともしび）からできた字《じ》。

あかりの火《ひ》には、こんな性質《せいしつ》がある。

- まわりを明《あか》るくてらす。
- 燃料《ねんりょう》の油《あぶら》が切《き》れると、消《き》える。
- 風《かぜ》がふくと消《き》える。ほのおがじっと動《うご》かないようにすれば、もえつづける。

主《しゅ》のつくかん字《じ》には、そんな性質《せいしつ》があらわれているよ。

さいしょのむかしのかん字《じ》は、ほのおだけだった

つぎに、油皿《あぶらざら》と台《だい》の形《かたち》がくわわった

主《シュ》

たいせつな火《ひ》をまもるのは、一家《いっか》のあるじのやくめだった。それで、主《しゅ》は、「主人《しゅじん》」の主《しゅ》につかわれる。

注 ③ そそ-ぐ・チュウ

注《チュウ》は、燃料《ねんりょう》の油《あぶら》を注《そそ》ぐこと。油《あぶら》は液体《えきたい》だから、氵（さんずい）なんだね。（くわしくは151ページに）

柱 ③ はしら・チュウ

柱《はしら》は、あかりの台《だい》（燭台《しょくだい》）のように、まっすぐに立《た》っている。木《き》でつくったから、木（きへん）。（くわしくは152ページに）

住 ③ す-む・ジュウ

住《ジュウ》は、あちこち動《うご》かずに、ひとつの場所《ばしょ》に住《す》むこと。住《す》むのは人《ひと》だから、亻（にんべん）。（くわしくは106ページに）

他

くんよみ　ほか

おんよみ　タ

むかしのかん字

はやわかり　となえことば

「ほか」のこと
にんべん
ついてる
他人《たにん》の他《た》

なりたち

他《タ》の字《じ》のなかの也《や》は、もとは它《タ》で、頭《あたま》の大《おお》きなへびの形《かたち》。でも、むかしから、「ほか」「よそ」といういみにもつかわれてきた字《じ》だという。
イ（にんべん）のついた他《タ》は、「他人《にん》」のことをあらわした字《じ》。いまは、「ひと」以外《いがい》にもいろいろつかうよ。

かきじゅん　5画《かく》

ノ　イ　仂　仲　他

ことばのれい

他人《たにん》・他国《たこく》・他力《たりき》・他言《たごん》・他界《たかい》・自他《じた》

打

くんよみ う-つ

おんよみ ダ

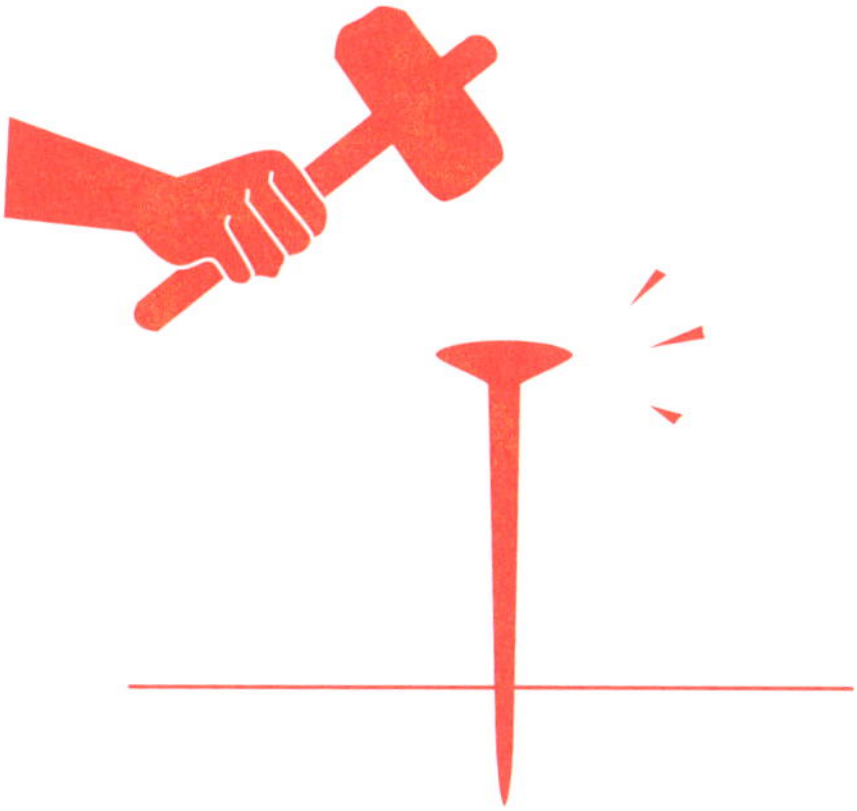

むかしのかん字

はやわかり となえことば

手《て》で くぎの あたまを 打《う》ちつける

なりたち

打《う-つ・ダ》は、扌（てへん）と丁《テイ》だよ。
丁《テイ》は、頭《あたま》のひらたいくぎ。
そのくぎを、ハンマーなどをもった
手《て》（扌）で、ドシン、ドシンと打《う》つ。
打《ダ》は、そうやって、くぎを打《う》つこと
をあらわした形《かたち》。

かきじゅん 5画《かく》

一 十 扌 扌 打

ことばのれい

打《う》ち身《み》・打《う》ち水《みず》・打球《だきゅう》・打者《だしゃ》・打破《だは》・
打倒《だとう》・打開《だかい》・連打《れんだ》・安打《あんだ》

対

くんよみ

おんよみ　タイ・（ツイ）

はやわかり　となえことば

むきあって
土《つち》うちかためる
対《たい》の文字《もじ》

むかしのかん字

（對）

なりたち

対《タイ》の、もとの字《じ》は**對**。分解《ぶんかい》すると、丵《さく》と土《つち》と寸《すん》になるよ。

丵《さく》は、土《つち》をうちかためる工事《こうじ》の道具《どうぐ》。

土《つち》は、うちつけられる土《つち》。

寸《すん》は、手《て》のはたらきをあらわす形《かたち》。

丵《さく》をつかって、土《つち》をうって、かためる作業《さぎょう》を、二人《ふたり》一組《ひとくみ》で、対《タイ》（對）といったんだ。むきあって作業《さぎょう》したから、対《タイ》は、「むきあう」といういみになった。

かきじゅん　7画《かく》

丶　亠　ナ　文　文　対　対

ことばのれい

対話《たいわ》・対象《たいしょう》・対等《たいとう》・対角線《たいかくせん》・対立《たいりつ》・対決《たいけつ》・対戦《たいせん》・反対《はんたい》・絶対《ぜったい》・一対《いっつい》

くんよみ　まーつ

待

おんよみ　タイ

むかしのかん字

はやわかり　となえことば

寺《てら》の字《じ》に　ぎょうにんべんで　待《ま》つの文字《もじ》

なりたち

待《まーつ・タイ》は、彳（ぎょうにんべん）と寺《ジ》。寺《ジ》には、「もちつづけること」といういみがあるんだ。彳（ぎょうにんべん）は、道《みち》をあらわすよ。待《タイ》は、道《みち》で待《ま》ちつづけることをあらわした字《じ》だ。

かきじゅん　9画《かく》

ことばのれい

待《ま》ち合《あ》わせ・待合室《まちあいしつ》・待《ま》ち時間《じかん》・待機《たいき》・待望《たいぼう》・期待《きたい》・招待《しょうたい》

代

くんよみ　かーわる・よ

おんよみ　ダイ・タイ

むかしのかん字

はやわかり　となえことば

まじないの どうぐできよめて 代《だい》がわり

なりたち

むかし、矢《や》や、ほこや、まさかりなどの武器《ぶき》は、まじないや儀式《ぎしき》の道具《どうぐ》にもつかわれた。

代《かーわる・ダイ》は、「代《だい》がわり」（世代交代《せだいこうたい》）など、なにかをあらためるための儀式《ぎしき》をあらわした字《じ》。

むかしのかん字《じ》は。は人《ひと》。は、まじないにつかった武器《ぶき》の形《かたち》。

かきじゅん　5画《かく》

ノ　亻　仁　代　代

ことばのれい

身代《みが》わり・千代紙《ちよがみ》・代金《だいきん》・代理《だいり》・代表《だいひょう》・時代《じだい》・現代《げんだい》・年代《ねんだい》・交代《こうたい》

くんよみ

第

おんよみ

ダイ

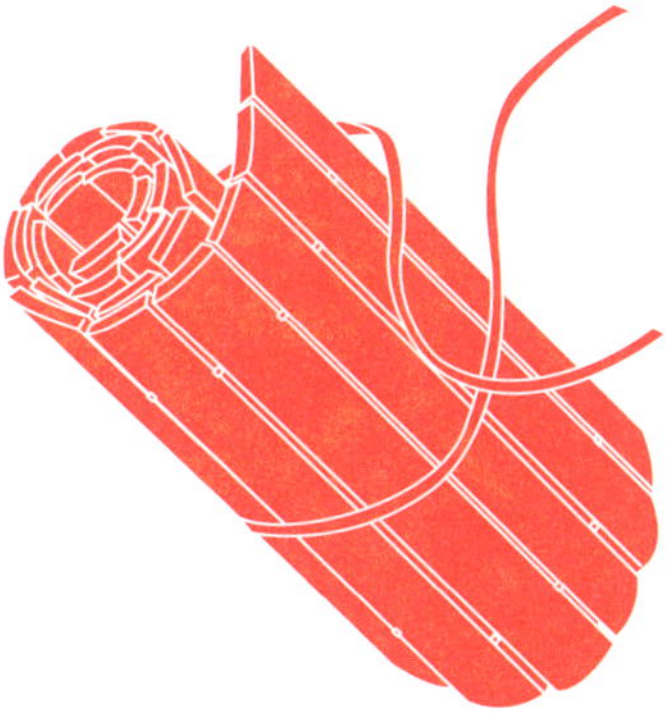

むかしのかん字

はやわかり となえことば

第一《だいいち》、第二《だいに》と
竹《たけ》ふだ
たばねる
じゅんじょよく

なりたち

第《ダイ》は、「第一《だいいち》」「第二《だいに》」とか、「次第《しだい》」とか、順序《じゅんじょ》をあらわす字《じ》だ。第《ダイ》は、弟《おとうと・テイ》をかんたんにした形《かたち》と、竹（たけかんむり）をあわせた字《じ》。弟《テイ》は、皮《かわ》ひもでものをたばねた形《かたち》。

むかし、文字《もじ》を書《か》いた竹札《たけふだ》を、ちゃんとした文章《ぶんしょう》になるように、順番《じゅんばん》どおりにつづった。それを第《ダイ》といった。

いまでいうと、ページを順番《じゅんばん》どおりにそろえて、本《ほん》にすることだね。

かきじゅん 11画《かく》

ことばのれい

第一歩《だいいっぽ》・第一線《だいいっせん》・第六感《だいろっかん》・次第《しだい》・落第《らくだい》・及第《きゅうだい》

くんよみ

題

おんよみ　ダイ

むかしのかん字

はやわかり　となえことば

もともとは　おでこをあらわす

題名《だいめい》の題《だい》

なりたち

題《ダイ》という字《じ》は、もともとは、「ひたい」（おでこ）をあらわしていた。是《ゼ・(ダイ)》と頁（おおがい）とに分《わ》けられる字《じ》だよ。

頁は、ここでは、人《ひと》の首《くび》から上《うえ》のこと。是《(ダイ)》は、音《おん》をあらわすぶぶん。

ひたいは顔《かお》の正面《しょうめん》にあって、めだつところなので、題《だい》は、本《ほん》の「題名《だいめい》」や「題字《だいじ》」などにつかわれる字《じ》になった。

かきじゅん　18画《かく》

丨 冂 日 日 旦 早 早 昇 是 是 是 是 題 題 題 題 題 題

ことばのれい

題材《だいざい》・問題《もんだい》・話題《わだい》・宿題《しゅくだい》・議題《ぎだい》

くんよみ　すみ

炭

おんよみ　タン

むかしのかん字

はやわかり　となえことば

山《やま》のがけに かまを つくって 炭《すみ》をやく

なりたち

まっくろい木《き》の炭《すみ》（木炭《もくたん》）を見《み》たことがあるかな。いまは、バーベキューや焼《や》き肉《にく》につかったりするよ。

炭《すみ・タン》は、木炭《もくたん》をつくることを説明《せつめい》したような字《じ》だ。山《やま》と厂《かん》と火《ひ》とを組《く》みあわせた形《かたち》。

山《やま》のがけ（厂《かん》）のところにかまをつくり、木《き》を火《ひ》でやいて、炭《すみ》をつくる。ずいぶんむかしから、人《ひと》は炭《すみ》をつくっていたんだね。

かきじゅん　9画《かく》

丨 山 山 屵 屵 屵 岸 岸 炭

ことばのれい

炭火《すみび》・炭焼《すみや》き・石炭《せきたん》・炭酸《たんさん》・炭水化物《たんすいかぶつ》

くんよみ
みじか-い

おんよみ
タン

短

むかしのかん字

はやわかり　となえことば

うつわと矢《や》
ならべて
どちらも
短《みじか》いよ

なりたち

短《みじかーい・トウ》は、矢《や》と豆《トウ》とに分《わ》けられる字《じ》。
豆《トウ》は、台《だい》のついたむかしの食器《しょっき》の形《かたち》。くびのぶぶんが短《みじか》い。
矢《や》に豆《トウ》をあわせて、「みじかい矢《や》」をあらわしたのが、短《タン》という字《じ》。
いまは、いろいろなものが短《みじか》いことにつかわれる。

❗豆《トウ》のなりたちは、165ページにあるよ。

かきじゅん　12画《かく》

ことばのれい

手短《てみじか》・短距離《たんきょり》・短針《たんしん》・短時間《たんじかん》・短期《たんき》・短歌《たんか》・短気《たんき》・短所《たんしょ》・長短《ちょうたん》

くんよみ

談

おんよみ

ダン

はやわかり　となえことば

わいわいと
おしゃべりかわす
談《だん》の文字《もじ》

むかしのかん字

なりたち

談《ダン》は、ふだんのおしゃべりをあらわす字《じ》。「冗談《じょうだん》」とか「談話《だんわ》」とかにつかわれる。
談《ダン》は、言（ごんべん）に炎《エン・（タン）》。炎《エン・（タン）》は「ほのお」という字《じ》だけど、ここでは、音《おん》をあらわすだけのやくめ。言（ごんべん）は、ことばをあらわすしるし。

かきじゅん

談

15画《かく》

ことばのれい

談笑《だんしょう》・相談《そうだん》・会談《かいだん》・対談《たいだん》・面談《めんだん》・雑談《ざつだん》・美談《びだん》・怪談《かいだん》・縁談《えんだん》

くんよみ きーる・つーく

着

おんよみ チャク

むかしのかん字

（著）

はやわかり となえことば

ぴったりと からだにつける 着物《きもの》だよ

なりたち

着《つーく・チャク》の、もとの字《じ》は、著《チョ・(チャク)》。

むかし、まちをまもる土手《どて》に、まよけの札《ふだ》をうめた。

著《チョ》のもとのいみは、そのまよけの力《ちから》が、札《ふだ》や土手《どて》にしっかりとくっついていること。

からだにくっつく着物《きもの》をあらわす字《じ》として、着《チャク》がべつにつくられた。

かきじゅん 12画《かく》

ことばのれい

着物《きもの》・着替《きが》え・上着《うわぎ》・着地《ちゃくち》・着陸《ちゃくりく》・着実《ちゃくじつ》・接着《せっちゃく》・到着《とうちゃく》・先着《せんちゃく》・決着《けっちゃく》

くんよみ

そそ-ぐ

おんよみ

チュウ

注

むかしのかん字

はやわかり となえことば

あかりの火《ひ》
きえないように
あぶらを注《そそ》ぐ

なりたち

注《そそ-ぐ・チュウ》は、氵（さんずい）と主《シュ》だよ。

主《シュ》は、あかりの火《ひ》が、台《だい》の上《うえ》でもえている形《かたち》。

注《チュウ》のなりたちは、そのあぶらを注《そそ》ぐこと。あぶらがなくなると、火《ひ》がきえてしまうからね。

いまは、気《き》もちや力《ちから》をひとつのことに注《そそ》ぐことにもつかわれる。

！主《シュ》のなりたちは、96ページを見てね。

かきじゅん　8画《かく》

、 ⺀ 氵 氵 氵 汁 汗 注

ことばのれい

注《そそ》ぎ口《ぐち》・注入《ちゅうにゅう》・注水《ちゅうすい》・注射《ちゅうしゃ》・注目《ちゅうもく》・注意《ちゅうい》・注文《ちゅうもん》

くんよみ
はしら

柱

おんよみ
チュウ

むかしのかん字

はやわかり となえことば

木《き》でできた 柱《はしら》がまっすぐ立《た》っている

なりたち

柱《はしら・チュウ》は、「はしら」のこと。木（きへん）と主《シュ》とに分《わ》けられるよ。主《シュ》は、あかりの火《ひ》が、台《だい》の上《うえ》でもえている形《かたち》。

そのあかりの台《だい》は、柱《はしら》のように、まっすぐに立《た》っている。

そして、柱《はしら》はだいたい木《き》でつくったから、主《シュ》と木《き》で柱《はしら》なんだね。

かきじゅん 9画《かく》

一 十 才 木 木 杧 杧 柱 柱

ことばのれい

柱時計《はしらどけい》・大黒柱《だいこくばしら》・火柱《ひばしら》・貝柱《かいばしら》・電柱《でんちゅう》・鉄柱《てっちゅう》・円柱《えんちゅう》・角柱《かくちゅう》

くんよみ

丁

おんよみ
チョウ・（テイ）

むかしのかん字

はやわかり　となえことば

丁《ちょう》の字《じ》は
あたまの
ひらたい
くぎのこと

なりたち

丁《チョウ》は、くぎの形《かたち》からできた字《じ》。→→丁と、形《かたち》がかわった。は、ひらたいくぎの頭《あたま》を上《うえ》から見《み》たところ。は、くぎをよこから見《み》た形《かたち》。

いまは、丁《ちょう》は、くぎのいみにはつかわれず、住所《じゅうしょ》の「一丁目《いっちょうめ》」とか、「おとうふが一丁《いっちょう》」などとつかう。

くぎをあらわす字《じ》は、金（かねへん）をつけて、釘《くぎ》という字《じ》になった。

かきじゅん

一丁　2画《かく》

ことばのれい

三丁目《さんちょうめ》・包丁《ほうちょう》・一丁前《いっちょうまえ》・落丁《らくちょう》・丁重《ていちょう》・装丁《そうてい》

くんよみ

帳

おんよみ

チョウ

むかしのかん字

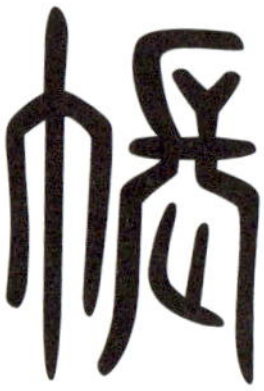

はやわかり　となえことば

ぬのを長《なが》く　はりめぐらした　まくが帳《ちょう》

なりたち

帳《チョウ》は、巾《きん》と長《チョウ》とに分《わ》けられる字《じ》。巾《きん》は、ぬののこと。長《チョウ》は、チョウという音《おん》をあらわすぶぶん。

帳《チョウ》は、「はりめぐらしたぬの」をあらわした字《じ》。いまでいえば、カーテンや暗幕《あんまく》のようなものだ。

それがやがて、「手帳《てちょう》」や「通帳《つうちょう》」など、紙《かみ》をとじたノートのようなものにつかわれる字《じ》になった。

かきじゅん　11画《かく》

ことばのれい

帳面《ちょうめん》・帳簿《ちょうぼ》・帳消《ちょうけ》し・日記帳《にっきちょう》・手帳《てちょう》・通帳《つうちょう》・記帳《きちょう》

くんよみ
調
しら-べる（ととの-う）

おんよみ
チョウ

むかしのかん字

はやわかり　となえことば

ととのった　もようのように　調和《ちょうわ》する

なりたち

調《しら-べる・チョウ》の、もともとのいみは、「ととのっている」「調和《ちょうわ》する」ということ。周《シュウ》は、美《うつく》しくととのったもようをほった、武器《ぶき》のたての形《かたち》。

なぜ言（ごんべん）がつく字《じ》かは、よくわかっていないらしいが、心《こころ》のこもったことばも、ととのっているからかもしれないね。「調《しら》べる」というのは、日本《にほん》でのつかわれかた。

かきじゅん　15画《かく》

丶 亠 亠 亖 言 言 言 訁 訂 訂 訶 訶 調 調 調

ことばのれい

小手調《こてしら》べ・調子《ちょうし》・調理《ちょうり》・調整《ちょうせい》・調達《ちょうたつ》・調査《ちょうさ》・色調《しきちょう》・長調《ちょうちょう》・短調《たんちょう》

くんよみ　お-う

おんよみ　ツイ

追

むかしのかん字

はやわかり　となえことば

おそなえの
肉《にく》を
ささげて
敵《てき》を追《お》う

なりたち

追《おーう・ツイ》は、𠂤《し》と辶（しんにょう）とを組《く》みあわせた形《かたち》。「おう」「おいかける」というみの字《じ》だ。

𠂤《し》は、ほし肉《にく》の形《かたち》。軍隊《ぐんたい》が戦場《せんじょう》で、神《かみ》をまつるためにつかった。この肉《にく》をささげながら、たたかったのだという。

追《ツイ》のもとのいみは、ほし肉《にく》の𠂤《し》をささげて、軍隊《ぐんたい》が敵《てき》を追《お》うこと。

かきじゅん　9画《かく》

ノ 𠂆 户 户 𠂤 𠂤 㠯 追 追

ことばのれい

追《お》い風《かぜ》・深追《ふかお》い・追跡《ついせき》・追撃《ついげき》・追放《ついほう》・追突《ついとつ》・追求《ついきゅう》・追究《ついきゅう》・追加《ついか》

定

くんよみ　さだ-める

おんよみ　テイ・ジョウ

はやわかり　となえことば

たてものは
正《ただ》しくたてれば
安定《あんてい》するよ

むかしのかん字

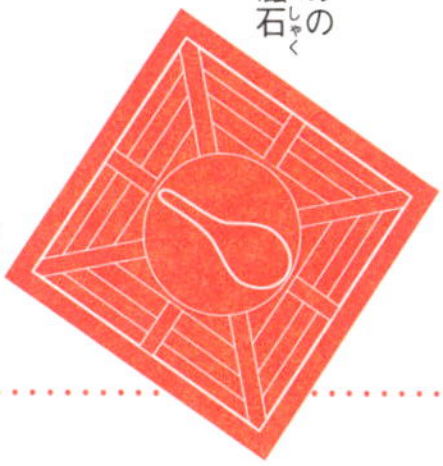

方角《ほうがく》を
知《し》るための
古代《こだい》の磁石《じしゃく》

なりたち

定《さだ-める・テイ》は、宀（うかんむり）と正《せい》とを組《く》みあわせた字《じ》。宀（うかんむり）はやねの形《かたち》で、たてものをあらわしている。定《テイ》とは、たてものをたてるときに、位置《いち》や方向《ほうこう》を正《ただ》しく定《さだ》めること。（それを「定礎《ていそ》」というよ。）そこから、「安定《あんてい》する」といういみが生《う》まれた。

かきじゅん　8画《かく》

丶　丷　宀　宀　宁　宇　定　定

ことばのれい

定着《ていちゃく》・定住《ていじゅう》・定休日《ていきゅうび》・定員《ていいん》・決定《けってい》・測定《そくてい》・規定《きてい》・予定《よてい》・平定《へいてい》・定規《じょうぎ》

くんよみ
にわ

庭

おんよみ
テイ

むかしのかん字

はやわかり　となえことば

宮《きゅう》でんの
ぎしきをおこなうばしょが庭《てい》

なりたち

庭《にわ・テイ》は、儀式《ぎしき》をおこなう宮殿《きゅうでん》の「にわ」をあらわした字《じ》だ。もとの字《じ》は廷《テイ》で、やね（广）はなかった。壬は、儀式《ぎしき》の場所《ばしょ》に立《た》つ人《ひと》。廴（えんにょう）は、にわをとりまくへいをあらわしている。

かきじゅん　10画《かく》

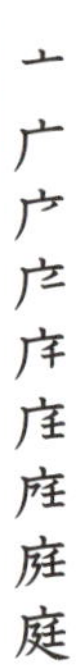

ことばのれい

庭師《にわし》・庭仕事《にわしごと》・庭先《にわさき》・中庭《なかにわ》・裏庭《うらにわ》・庭園《ていえん》・校庭《こうてい》・家庭《かてい》

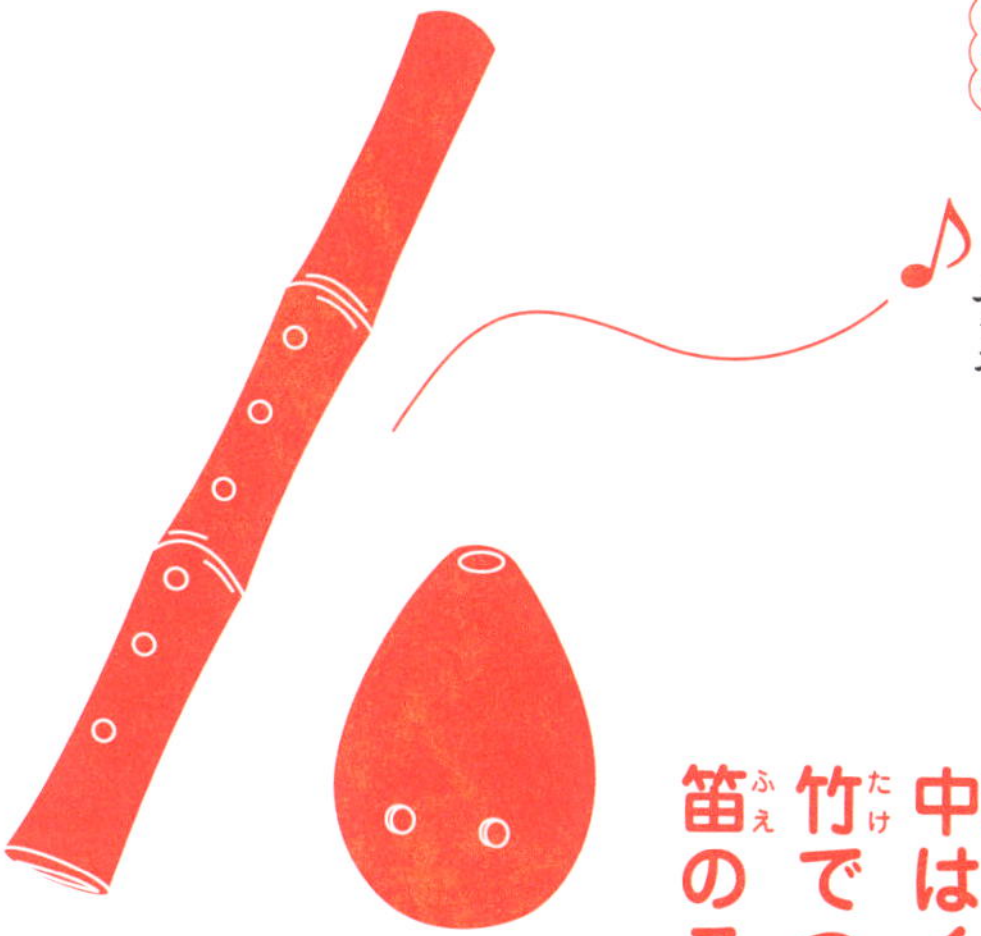

くんよみ ふえ

おんよみ テキ

笛

むかしのかん字

はやわかり となえことば

中《なか》はくうどう 竹《たけ》でつくった 笛《ふえ》のこと

なりたち

たてぶえ、よこぶえ、ホイッスル。「ふえ」にはいろいろあるけれど、どれも中《なか》はくうどうで、息《いき》をふいて音《おと》をだす。

笛《ふえ・テキ》は、竹（たけかんむり）と由《ユウ》とに分《わ》けられる字《じ》で、竹《たけ》でつくった「ふえ」のこと。

由《ユウ》は、中味《なかみ》がからっぽになったひょうたんの形《かたち》。ここでは、「中《なか》がくうどう」といういみをあらわしている。

かきじゅん 11画《かく》

ノ ⺈ ⺈ ⺮ ⺮ 竹 竹 竹 笛 笛 笛

ことばのれい

口笛《くちぶえ》・草笛《くさぶえ》・角笛《つのぶえ》・汽笛《きてき》・警笛《けいてき》

くんよみ

鉄

おんよみ

テツ

むかしのかん字

鐵（鐵）

はやわかり　となえことば

鉄《てつ》はくろがね
かたくてつよい
金属《きんぞく》の鉄《てつ》

鉄《てつ》でできた
むかしの道具《どうぐ》

なりたち

鉄《テツ》の、もとの字《じ》は鐵。金（かねへん）と𢧜《（テツ）》だ。𢧜《（テツ）》には「くろい」といういみがあるらしく、赤黒《あかぐろ》い毛《け》（くろくりげ）の馬《うま》を驖《てつ》（馬＋𢧜）というのだそうだ。金《きん》はこがね（黄金）、銀《ぎん》はしろがね（白金）、銅《どう》はあかがね（赤金）、そして、鉄《てつ》はくろがね（黒金）ともいう。

かきじゅん

13画《かく》

鉄

ことばのれい

鉄道《てつどう》・鉄板《てっぱん》・鉄棒《てつぼう》・鉄人《てつじん》・鉄則《てっそく》・鉄壁《てっぺき》・砂鉄《さてつ》・鋼鉄《こうてつ》・私鉄《してつ》・地下鉄《ちかてつ》

くんよみ　ころーがる・ころーぶ

転

おんよみ　テン

むかしのかん字　轉（轉）

はやわかり　となえことば

まるめた　ものが　車輪《しゃりん》のように　転《ころ》がった

なりたち

転《ころーがる・テン》の、もとの字《じ》は轉。車（くるまへん）と専《セン》（專）だ。

専《セン》は、ふくろのなかにものを入《い》れて、手《て》でかためることをあらわした字《じ》。うどんやパンの生地《きじ》を、手《て》でこねて、まるめるようなことだね。

まるめたものは、ころがりやすい。専《セン》に車《くるま》のついた転《テン》（轉）は、車輪《しゃりん》がまわること、転《ころ》がることをあらわしている。

かきじゅん　11画《かく》

ことばのれい

玉転《たまころ》がし・転校《てんこう》・転居《てんきょ》・転職《てんしょく》・回転《かいてん》・逆転《ぎゃくてん》・運転《うんてん》・自転車《じてんしゃ》

都

くんよみ　みやこ

おんよみ　ト・ツ

むかしのかん字

はやわかり　となえことば

土手《どて》のなか　まよけをうめて　まもった都《みやこ》

なりたち

都《みやこ・ト》とは「みやこ」や「都市《とし》」のこと。古代《こだい》、人《ひと》の多《おお》くすむまちは、土手《どて》でかこんでまもったのだという。そのかこいには、まよけの札《ふだ》をうめた。それをあらわした字《じ》が、者《しゃ》。（者《しゃ》のなりたちは、95ページにあるよ。）

阝（おおざと）は、人《ひと》のすむまちやむらをあらわす形《かたち》。

都《ト》は、土手《どて》でまもられた「みやこ」をあらわした字《じ》。

かきじゅん　11画《かく》

一 十 土 耂 耂 者 者 者 者 都 都

ことばのれい

花《はな》の都《みやこ》・都市《とし》・都会《とかい》・都心《としん》・都立《とりつ》・都民《とみん》・都庁《とちょう》・首都《しゅと》・都合《つごう》・都度《つど》

くんよみ

度

（たび）

おんよみ

ド

はやわかり　となえことば

しきものを　ひろげて　長《なが》さを　はかる度《ど》だ

むかしのかん字

なりたち

度《ド》は、席《せき》をかんたんにした形《かたち》と、手《て》の形《かたち》の又《（ゆう）》（）をあわせた字《じ》。

むかし、儀式《ぎしき》をおこなう場所《ばしょ》に、しきものをしいて席《せき》をつくった。度《ド》は、手《て》（又）で、そのしきものを広《ひろ》げることをあらわした形《かたち》。

しきものの大《おお》きさをものさしにして、長《なが》さをはかったので、度《ド》は、「温度《おんど》」「角度《かくど》」など、ものをはかる単位《たんい》につかわれる。

かきじゅん　9画《かく》

、 亠 广 户 庐 庐 庐 庹 度

ことばのれい

度数《どすう》・度胸《どきょう》・速度《そくど》・高度《こうど》・分度器《ぶんどき》・今度《こんど》・限度《げんど》・年度《ねんど》・制度《せいど》・態度《たいど》

くんよみ　な－げる

おんよみ　トウ

投

むかしのかん字

はやわかり　となえことば

投《な》げやりを　手《て》にもつ　かたちの　投《とう》の文字《もじ》

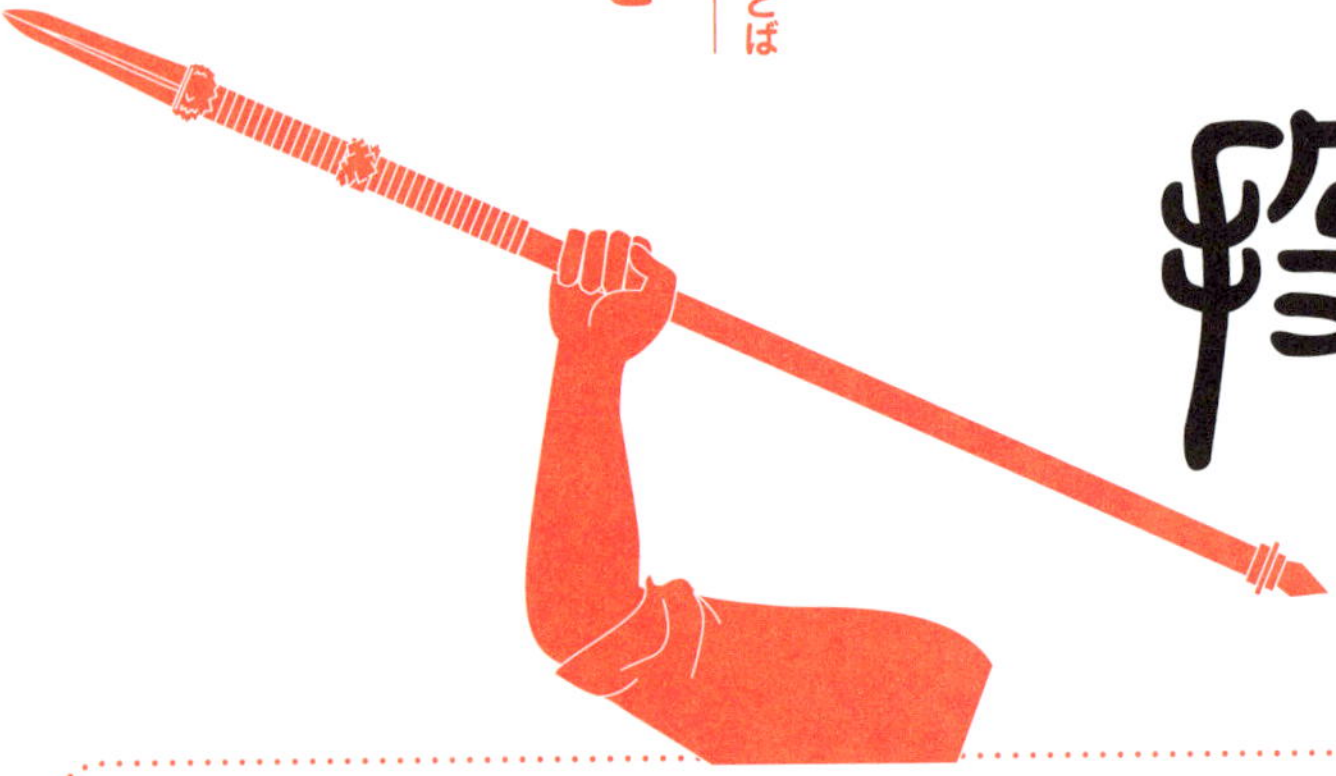

なりたち

投《な－げる・トウ》は、扌（てへん）と殳《（しゅ）》だよ。

殳《（しゅ）》は、武器《ぶき》のやりを手《て》にもつ形《かたち》。

投《トウ》は、その殳《（しゅ）》に、扌（てへん）をくわえて、手《て》でする動作《どうさ》の「なげる」ことをあらわした字《じ》。

むかし、こうした武器《ぶき》は、わるいものをおいはらう、まじないの道具《どうぐ》にもつかわれた。

かきじゅん

一　十　扌　扌　扌　投　投　7画《かく》

ことばのれい

投《な》げやり・砲丸投《ほうがんな》げ・投手《とうしゅ》・投石《とうせき》・投票《とうひょう》・投書《とうしょ》・投薬《とうやく》・好投《こうとう》・完投《かんとう》

くんよみ　まめ

おんよみ　トウ・ズ

豆

むかしのかん字

はやわかり　となえことば

まめじゃなく
食器《しょっき》の
かたちから
できた豆《とう》

なりたち

豆《まめ・トウ》は、トウという、あしのついた食《しょっ》器《き》の形《かたち》からできた字《じ》。儀式《ぎしき》のときに、食《た》べものや、のみものを入《い》れた。

あとになって、豆《トウ》は、食《た》べものの「まめ」をあらわす字《じ》になった。

かきじゅん　7画《かく》

ことばのれい

豆《まめ》まき・豆知識《まめちしき》・豆本《まめほん》・枝豆《えだまめ》・黒豆《くろまめ》・豆腐《とうふ》・豆乳《とうにゅう》・納豆《なっとう》・大豆《だいず》

くんよみ しま

おんよみ トウ

島

むかしのかん字

はやわかり となえことば

海鳥《うみどり》が 岩《いわ》にとまった かたちが島《しま》

なりたち

島《しま・トウ》とは、海《うみ》にうかぶ「しま」のこと。絵《え》を見《み》れば、島《しま》のなりたちがよくわかる。

鳥《とり》と山《やま》があわさった形《かたち》だよ。（鳥《とり》の灬（よってん）がない形《かたち》。）

山《やま》は、ここでは、海面《かいめん》から出《で》ている岩島《いわじま》をあらわしている。そこに海鳥《うみどり》がとまっている形《かたち》が、島《しま》。

かきじゅん 10画《かく》

丿 ｢ 户 户 白 自 鳥 鳥 島 島

ことばのれい

島国《しまぐに》・島流《しまなが》し・島影《しまかげ》・島民《とうみん》・列島《れっとう》・諸島《しょとう》・群島《ぐんとう》・半島《はんとう》・離島《りとう》・無人島《むじんとう》

湯

くんよみ　ゆ

おんよみ　トウ

むかしのかん字

はやわかり　となえことば

水《みず》をくみ　あたためたなら　お湯《ゆ》になる

なりたち

湯《ゆ・トウ》は、「おゆ」の湯《ゆ》。水《みず》をあたためると、お湯《ゆ》になる。それで氵（さんずい）がついている。

昜《(ヨウ)》は、光《ひか》りかがやく宝石《ほうせき》の玉《ぎょく》を台《だい》の上《うえ》においた形《かたち》。かがやく光《ひかり》をあらわしている。

かがやく太陽《たいよう》の熱《ねつ》であたためられた水《みず》が、お湯《ゆ》。

かきじゅん　12画《かく》

、 ⺀ 氵 氵冂 沪 泪 浧 湦 湯 湯 湯 湯

ことばのれい

湯気《ゆげ》・湯船《ゆぶね》・湯冷《ゆざ》め・ぬるま湯《ゆ》・茶《ちゃ》の湯《ゆ》・産湯《うぶゆ》・湯治《とうじ》・熱湯《ねっとう》

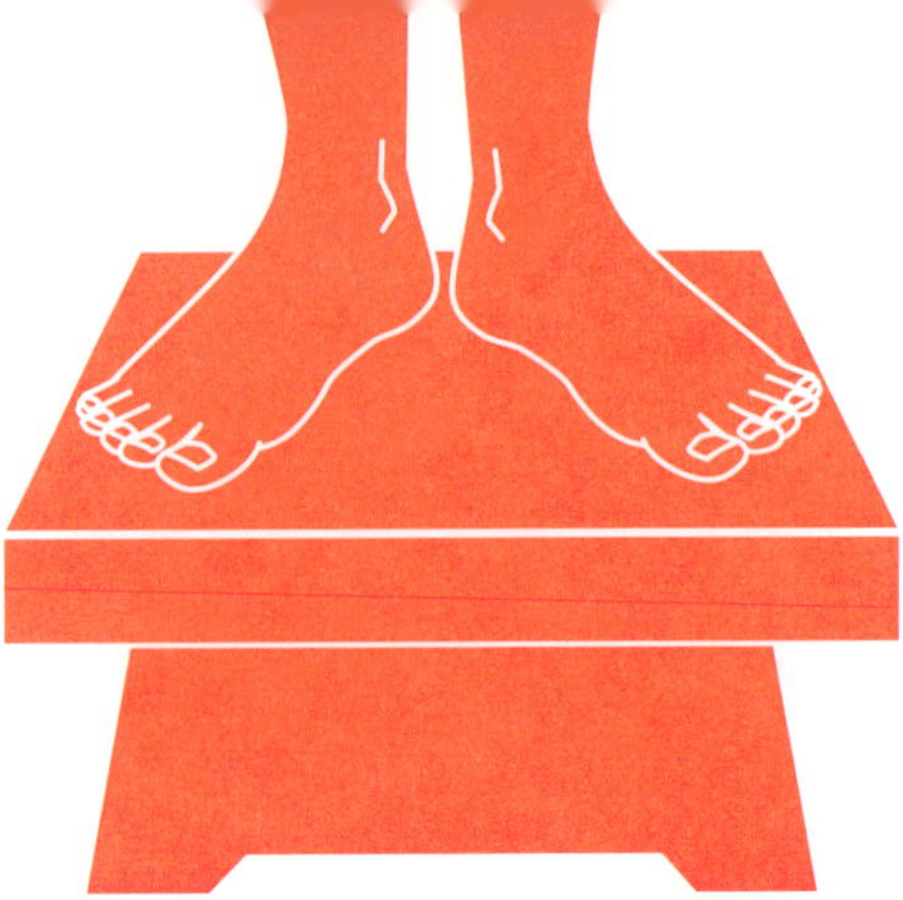

くんよみ　のぼ-る

おんよみ　トウ・ト

登

むかしのかん字

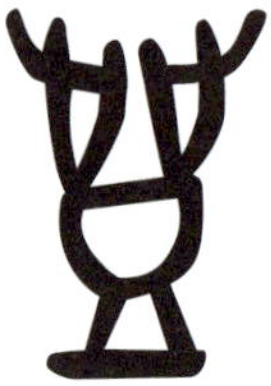

はやわかり　となえことば

ふみ台《だい》に
両足《りょうあし》のせて
登《のぼ》ります

なりたち

登《のぼ-る・トウ》は、癶（はつがしら）と豆《トウ》とを組《く》みあわせた形《かたち》。癶（はつがしら）は、両足《りょうあし》をそろえて前《まえ》にむけた形《かたち》だよ。→→癶と、形《かたち》をかえた。

豆《トウ》は、この字《じ》では、ふみ台《だい》をあらわしている。

登《トウ》は、ふみ台《だい》の上《うえ》に、どっこいしょと登《のぼ》ること。

かきじゅん

12画《かく》

ことばのれい

山登《やまのぼ》り・登場《とうじょう》・登用《とうよう》・登頂《とうちょう》・登竜門《とうりゅうもん》・登校《とうこう》・登録《とうろく》・登山《とざん》

くんよみ　ひと-しい

等

おんよみ　トウ

はやわかり　となえことば

竹《たけ》のふだ
長《なが》さがどれも
等《ひと》しいよ

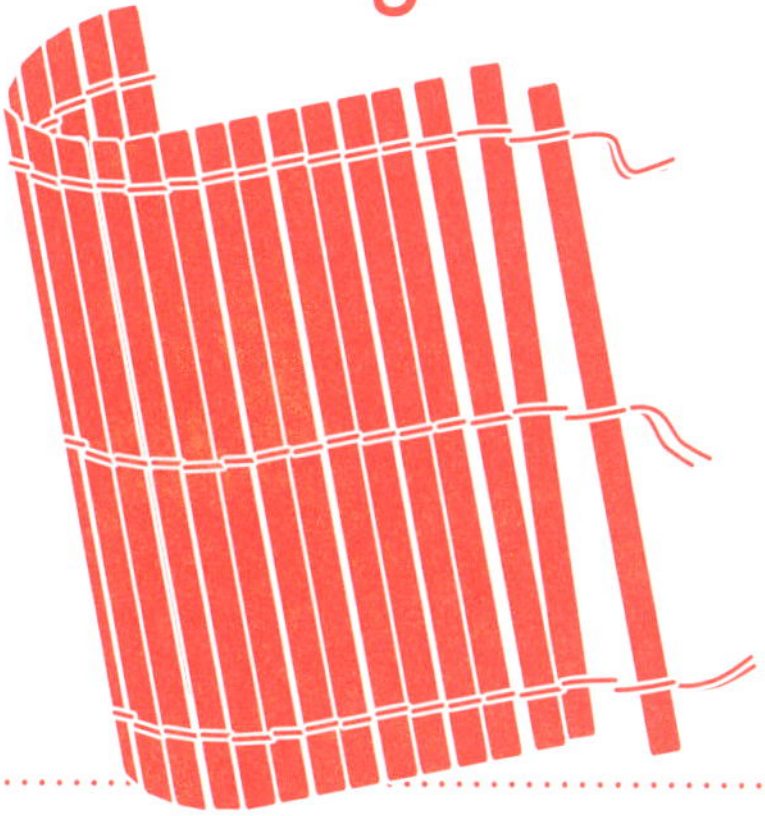

むかしのかん字

なりたち

等《ひと-しい・トウ》は、大《おお》きさや長《なが》さなどが「ひとしい（同《おな》じ）こと」をあらわす字《じ》だよ。

むかし、竹《たけ》や木《き》の札《ふだ》に文字《もじ》を書《か》いて、それをつづった。むかしの書類《しょるい》だね。つづるときには、同《おな》じ長《なが》さに札《ふだ》をそろえたのだという。

等《トウ》は、その竹《たけ》の札《ふだ》の長《なが》さが「ひとしいこと」からできた字《じ》。

寺《ジ・(タイ)》は、音《おん》をあらわすだけのぶぶん。

かきじゅん　12画《かく》

ことばのれい

等分《とうぶん》・等級《とうきゅう》・等高線《とうこうせん》・初等《しょとう》・中等《ちゅうとう》・高等《こうとう》・対等《たいとう》・平等《びょうどう》・上等《じょうとう》・特等席《とくとうせき》

動

くんよみ：うご-く

おんよみ：ドウ

むかしのかん字

はやわかり となえことば

すき(力)をもち
たがやす体《からだ》は
よく動《うご》く

なりたち

動《うご-く・ドウ》の、もとの字《じ》は童《ドウ》。童《ドウ》は、田畑《たはた》などではたらかされる人《ひと》をあらわしている。童《ドウ》に、たがやす道具《どうぐ》のすき、(力《りょく》)をくわえて、動《ドウ》の字《じ》ができた。動《ドウ》のもともとのいみは、田畑《たはた》をたがやし、はたらくこと。体《からだ》を動《うご》かしてはたらくから、「うごく」といういみにつかわれるようになった。

かきじゅん

11画《かく》

ことばのれい

身動《みうご》き・動物《どうぶつ》・動作《どうさ》・運動《うんどう》・活動《かつどう》・行動《こうどう》・移動《いどう》・出動《しゅつどう》・自動《じどう》・感動《かんどう》

くんよみ

童

（わらべ）

おんよみ

ドウ

むかしのかん字

はやわかり　となえことば

かみの毛《け》の
まだみじかい
子《こ》どもが童《どう》

なりたち

童《ドウ》はさいしょ、目《め》の上《うえ》に入《い》れずみをして、田畑《たはた》などではたらかされる人《ひと》のことをいった。

そういう人《ひと》は、かみの毛《け》をゆうことがゆるされなかった。

そこから、童《ドウ》は、まだかみの毛《け》のみじかい子《こ》ども（わらべ）をあらわす字《じ》になった。

かきじゅん　12画《かく》

ことばのれい

童話《どうわ》・童謡《どうよう》・児童《じどう》・学童《がくどう》・悪童《あくどう》

くんよみ

農

おんよみ

ノウ

はやわかり　となえことば

貝《かい》がらで
草《くさ》やイネかる
農《のう》の文字《もじ》

むかしのかん字

なりたち

農《ノウ》は、「農業《のうぎょう》」の農《のう》だね。農《ノウ》の字《じ》のなかの曲《きょく》は、もともとは田《た》だった。辰《しん》は、貝《かい》のはまぐり。

むかし、はまぐりなどの貝《かい》がらは、草《くさ》やイネのほをかりとる道具《どうぐ》としてもつかわれた。

農《ノウ》は、田畑《たはた》をあらわす田《た》と、かりとる道具《どうぐ》の辰《しん》をあわせて、農地《のうち》をたがやすことをあらわした字《じ》。

かきじゅん

13画《かく》

ことばのれい

農家《のうか》・農民《のうみん》・農村《のうそん》・農場《のうじょう》・農園《のうえん》・農作物《のうさくぶつ》・農具《のうぐ》・農耕《のうこう》・農薬《のうやく》

音《おん》よみが「ハ行《ぎょう》」のかん字《じ》

おもしろいかん字《じ》の話《はなし》④

形《かたち》・意《い》味《み》・音《おん》

あわせかん字《じ》のなかで、部首《ぶしゅ》は、「いみ」をあらわすぶぶんだよ。

たとえば、氵（さんずい）がつけば、水《みず》につながりがある。宀（うかんむり）は、たてものをあらわすしるし。扌（てへん）や又の形《かたち》は、手《て》のうごきをあらわす。

「どの部首《ぶしゅ》だっけ？」とまよったときは、文字《もじ》のいみを考《かんが》えてごらん。

【訓《くん》よみ】		【部首《ぶしゅ》】	いみをあらわすぶぶん
坂 さか	③…	土 つちへん	「さか」という土地《とち》の性《せい》質《しつ》をあらわすから、土（つちへん）。
板 いた	③…	木 きへん	木《き》からつくる「いた」だから、木（きへん）。
飯 めし	④…	食 しょくへん	食《た》べる「ごはん」「めし」だから、食（しょくへん）。
返 かえ-す	③…	辶 しんにょう	「ひき返《かえ》す」「もとにもどる」という動《うご》きをあらわすから、辶（しんにょう）。

そして、音《おん》よみがわかると、かん字《じ》がもっと楽《たの》しくなるよ。
下《した》のかん字《じ》を見《み》てごらん。音《おん》よみは、坂《ハン》・板《バン》・飯《ハン》・返《ヘン》。
ここから部首《ぶしゅ》をのぞくと、みんな同《おな》じ反《ハン》の形《かたち》だ。この反《ハン》が、音《おん》をあらわすぶぶん。
同《おな》じ形《かたち》が、同《おな》じ音《おん》や、にた音《おん》をあらわしている。

音《おん》をあらわす形《かたち》が、
なりたちをしめして
いるかん字《じ》もあるし、
ただ、音《おん》をあらわす
やくめだけの
かん字《じ》もあるよ。

【音《おん》よみ】		【部首《ぶしゅ》】		【音記号《おんきごう》】音をあらわすぶぶん
坂 ハン	…	土 つちへん	＋	反
板 バン	…	木 きへん	＋	反
飯 ハン	…	食 しょくへん	＋	反
返 ヘン	…	辶 しんにょう	＋	反

反 ハン バン・ヘン

くんよみ なみ

波

おんよみ ハ

はやわかり となえことば

うねうねと なめらかに 皮《かわ》のように よせる波《なみ》

むかしのかん字

なりたち

波《なみ・ハ》は、氵（さんずい）と皮《ヒ》とに分《わ》けられる字《じ》。

皮《ヒ》は、けものの「かわ」をあらわす字《じ》だけど、「うねうねとつづいているもの」といういみもある。

だから、波《なみ》とは、うねうねとした水《みず》のうごきをあらわした字《じ》だ。

!皮《かわ》のなりたちは、185ページを見《み》てね。

かきじゅん 8画《かく》

、 ⺀ 氵 氵 汀 沪 波 波

ことばのれい

波間《なみま》・波音《なみおと》・津波《つなみ》・波長《はちょう》・波止場《はとば》・波乱《はらん》・音波《おんぱ》・電磁波《でんじは》・寒波《かんぱ》

くんよみ

くばーる

配

おんよみ

ハイ

むかしのかん字

はやわかり　となえことば

えんかいの
酒《さけ》は
みんなに
配《くば》ります

なりたち

配《くばーる・ハイ》の、むかしのかん字《じ》を見《み》てごらん。左《ひだり》がわの酉は、お酒《さけ》を入《い》れるかめ。右《みぎ》がわの卩は、ここでは、ひざまずいている人《ひと》。配《ハイ》は、そうやって、お酒《さけ》をみんなに配《くば》ることをあらわす形《かたち》。

かきじゅん　10画《かく》

一 丆 冂 丙 襾 西 酉 酉 酊 配

ことばのれい

気配《きくば》り・配布《はいふ》・配達《はいたつ》・配置《はいち》・配色《はいしょく》・分配《ぶんぱい》・宅配《たくはい》・手配《てはい》・支配《しはい》・心配《しんぱい》

くんよみ

倍

おんよみ

バイ

はやわかり　となえことば

草木《くさき》の実《み》
うれて
はじけて
倍《ばい》になる

むかしのかん字

なりたち

倍《バイ》は、イ（にんべん）と音《（ハイ）》とに分《わ》けられる字《じ》。

音《（ハイ）》は、草木《くさき》の実《み》がふくらんで、はじけるほどになった形《かたち》。

はじけると、われて、いくつもに分《わ》かれる。数《かず》が、二倍《にばい》にも、三倍《さんばい》にもなる。

そこから、倍《バイ》は、数《かず》がふえることにつかわれるようになった。

かきじゅん　10画《かく》

ノ イ 仁 仁 仕 位 位 倍 倍 倍

ことばのれい

倍数《ばいすう》・倍率《ばいりつ》・倍増《ばいぞう》・倍額《ばいがく》・公倍数《こうばいすう》

箱

くんよみ　はこ

おんよみ　（ソウ）

むかしのかん字

はやわかり　となえことば

相《そう》の字《じ》に　たけかんむりで　箱《はこ》になる

なりたち

箱《はこ》は、竹（たけかんむり）と相《ソウ》。

箱《はこ》は、もともとは、車《くるま》の上《うえ》に荷物《にもつ》をのせるための「はこ」のことをいった。むかしの車《くるま》だから、馬《うま》でひく車《くるま》だよ。やがて、ふたのある、竹《たけ》や木《き》でできた「はこ」などをあらわすようになった。

相《ソウ》は、音《おん》をあらわすだけのやくめ。（ソウは、箱《はこ》のとくべつな読《よ》み方《かた》。）

かきじゅん　15画《かく》

ノ … 箱

ことばのれい

箱入《はこい》り娘《むすめ》・箱庭《はこにわ》・木箱《きばこ》・空《あ》き箱《ばこ》・本箱《ほんばこ》・飛《と》び箱《ばこ》・筆箱《ふでばこ》・弁当箱《べんとうばこ》・巣箱《すばこ》

くんよみ　はた・はたけ

おんよみ

畑

はやわかり　となえことば

火《ひ》と田《た》んぼ
あわせて
つくった
畑《はたけ》の字《じ》

なりたち

畑《はたけ》は、日本《にほん》でつくられたかん字《じ》なんだ。火《ひ》と田《た》をあわせた形《かたち》。火《ひ》があるのは、焼《や》き畑《はた》という方法《ほうほう》で畑《はたけ》をつくったからだよ。森《もり》の木《き》を切《き》り、草《くさ》を焼《や》いてから、たがやすんだ。

！峠も、日本《にほん》でできたかん字《じ》だよ。わかるかな？　山《やま》の上《のぼ》りと下《くだ》りがであうところ。それが峠（とうげ）。

かきじゅん　9画《かく》

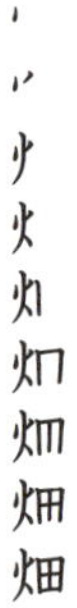

ことばのれい

畑作《はたさく》・畑仕事《はたけしごと》・畑違《はたけちが》い・田畑《たはた》・麦畑《むぎばたけ》・茶畑《ちゃばたけ》・花畑《はなばたけ》・段段畑《だんだんばたけ》

くんよみ

発

おんよみ

ハツ・（ホツ）

むかしのかん字

（發）

はやわかり　となえことば

弓《ゆみ》をいる
いくさの
合図《あいず》が
出発《しゅっぱつ》の発《はつ》

なりたち

発《ハツ》の、もとの字《じ》は發。弓《ゆみ》の字《じ》があったんだ。

癶（はつがしら）は、前《まえ》をむいた両足《りょうあし》の形《かたち》。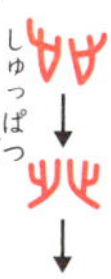→癶と、形《かたち》がかわった。「いざ、出発《しゅっぱつ》！」といういみをあらわしている。

癹は、弓《ゆみ》をいることをあらわす。

発《ハツ》（發）のなりたちは、弓《ゆみ》をいって、いくさをはじめる合図《あいず》をすること。

かきじゅん

9画《かく》

ことばのれい

発車《はっしゃ》・発生《はっせい》・発信《はっしん》・発売《はつばい》・発見《はっけん》・発明《はつめい》・発表《はっぴょう》・出発《しゅっぱつ》・開発《かいはつ》・発作《ほっさ》

くんよみ　そ-る

おんよみ　ハン・（タン）

反

むかしのかんじ

はやわかり　となえことば

がけに手《て》をかけ
よじのぼる形《かたち》が
反《はん》の文字《もじ》

なりたち

反《そーる・ハン》は、厂《かん》と又《ゆう》とを組《く》みあわせた形《かたち》。厂《かん》はがけ。又《ゆう》（）は手《て》だよ。がけに手《て》をかけて、よじのぼる形《かたち》が反《ハン》。自然《しぜん》のけわしいところは、人《ひと》が行《い》ってはいけない神聖《しんせい》な場所《ばしょ》だと考《かんが》えられていた。急《きゅう》ながけもそうだ。

だから、そこによじのぼる形《かたち》の反《ハン》には、反逆《はんぎゃく》（さからう）といういみがある。

かきじゅん

一　厂　⿸厂㇇　反

4画《かく》

ことばのれい

反《そ》り身《み》・反射《はんしゃ》・反応《はんのう》・反発《はんぱつ》・反省《はんせい》・反対《はんたい》・反則《はんそく》・反論《はんろん》・反抗《はんこう》・一反《いったん》

くんよみ さか

坂

おんよみ （ハン）

はやわかり となえことば

がけのように
急《きゅう》な坂道《さかみち》
あらわす坂《さか》

なりたち

坂《さか・ハン》は、土（つちへん）に反《ハン》と書《か》く。「さか」のことだよ。反《ハン》は、がけ（厂）に手（又）をかけて、よじのぼろうとする形《かたち》。そうしたがけのようなところを坂《ハン》といった。

かきじゅん 7画《かく》

一 十 土 圡 圹 坂 坂

ことばのれい

坂道《さかみち》・上《のぼ》り坂《ざか》・下《くだ》り坂《ざか》

くんよみ　いた

板

おんよみ　ハン・バン

はやわかり　となえことば

**木《き》のみきを
おのでけずって
つくる板《いた》**

むかしのかん字

なりたち

板《いた・ハン》は、木（きへん）と反《ハン》だよ。
反《ハン》は、ここでは、手《て》におの（手斧《ちょうな》）をもっている形《かたち》が変化《へんか》したもの。
（反《ハン》・坂《さか》の字《じ》では、反《ハン》は「がけと手《て》」。まえのページを見《み》てね。）
板《ハン》は、うすくけずりとった木《き》の「いた」や、木《き》のきれはしをあらわした字《じ》。

かきじゅん

一 十 才 木 朩 杤 析 板

8画《かく》

ことばのれい

板《いた》の間《ま》・まな板《いた》・羽子板《はごいた》・板前《いたまえ》・黒板《こくばん》・鉄板《てっぱん》・看板《かんばん》・登板《とうばん》・降板《こうばん》

くんよみ かわ

おんよみ ヒ

皮

むかしのかん字

はやわかり となえことば

けものから 手《て》ではぎとって皮《かわ》にする

なりたち

皮《かわ・ヒ》の、むかしのかん字《じ》を見《み》てごらん。これは、けものの「かわ」を手《て》ではぎとっている形《かたち》なんだ。が手《て》で、いまの形《かたち》では又《(ゆう)》になった。むかしから、けものの皮《かわ》は、さまざまなことにやくだってきた。さむさをしのぐための服《ふく》や、いくさのときに身《み》につける武具《ぶぐ》などにもつかわれた。

かきじゅん 5画《かく》

丿 厂 广 皮 皮

ことばのれい

毛皮《けがわ》・なめし皮《がわ》・皮膚《ひふ》・皮革《ひかく》・皮肉《ひにく》・頭皮《とうひ》・表皮《ひょうひ》・樹皮《じゅひ》・脱皮《だっぴ》

くんよみ

かな-しい

おんよみ

ヒ

悲

はやわかり　となえことば

非《ひ》に心《こころ》
悲《かな》しい
気《き》もちを
あらわす字《じ》

むかしのかん字

なりたち

悲《かな-しい・ヒ》は、「かなしい」という心《こころ》の状態《じょうたい》をあらわす字《じ》。非《ヒ》と心《こころ》に分《わ》けられるよ。非《ヒ》は、音《おん》をあらわすぶぶん。「〜ない」「よくない」といういみの字《じ》で、背中《せなか》あわせに歯《は》のついた、くしの形《かたち》からできた字《じ》だ。

かきじゅん　12画《かく》

ことばのれい

悲《かな》しみ・悲鳴《ひめい》・悲運《ひうん》・悲痛《ひつう》・悲報《ひほう》・悲劇《ひげき》・悲観《ひかん》・悲哀《ひあい》・悲願《ひがん》

美

くんよみ　うつく-しい

おんよみ　ビ

むかしのかん字

はやわかり　となえことば

りっぱな羊《ひつじ》
からだぜんたい
美《うつく》しい

なりたち

美《うつく-しい・ビ》という字《じ》は、羊《ひつじ》の体《からだ》ぜんたいをあらわした形《かたち》なんだ。

角《つの》、どうたい、そして、こしから後《うし》ろ足《あし》までだよ。絵《え》とむかしのかん字《じ》を見《み》ると、それがわかるね。

むかし、羊《ひつじ》は、神《かみ》へのささげものにする、とても重要《じゅうよう》なけものだった。

頭《あたま》の先《さき》からつめの先《さき》まで、りっぱな羊《ひつじ》が美《ビ》。

かきじゅん　9画《かく》

ことばのれい

美術《びじゅつ》・美人《びじん》・美容《びよう》・美味《びみ》・美談《びだん》・優美《ゆうび》・賛美《さんび》

くんよみ　はな

鼻

おんよみ　（ビ）

むかしのかん字

はやわかり　となえことば

さいしょは自《じ》
鼻《はな》という字《じ》は
あとからできた

なりたち

さいしょ、「はな」をあらわす字《じ》は、自《じ》だった。自《じ》は、人《ひと》のはなの形《かたち》からできたんだ。

でも、自《じ》が「自分《じぶん》」をあらわす字《じ》になったので、自《じ》に、音《おん》をあらわす畀《ヒ》をくわえて、鼻《はな・ビ》という字《じ》がつくられた。

かきじゅん

14画《かく》

ことばのれい

鼻水《はなみず》・鼻血《はなぢ》・鼻歌《はなうた》・鼻息《はないき》・鼻毛《はなげ》・出鼻《でばな》・耳鼻科《じびか》

くんよみ ふで

筆

おんよみ ヒツ

むかしのかん字

はやわかり となえことば

竹《たけ》でつくった
筆《ふで》を手《て》にもつ
かたちだよ

なりたち

筆《ふで・ヒツ》は、竹（たけかんむり）と聿《（いつ）》。聿《（いつ）》は、ふでを手《て》にもつ形《かたち》だよ。もともとは、聿《（いつ）》が、「ふで」をあらわす字《じ》だった。

ふでの柄《え》（もところ）は竹《たけ》でつくったので、あとから「たけかんむり」をくわえて、筆《ふで》の字《じ》ができたんだ。

！書《しょ》や建《けん》の字《じ》のなかにも聿《（いつ）》があるよ。

かきじゅん

12画《かく》

ことばのれい

筆入《ふでい》れ・筆先《ふでさき》・絵筆《えふで》・筆記《ひっき》・筆算《ひっさん》・筆順《ひつじゅん》・筆談《ひつだん》・鉛筆《えんぴつ》・毛筆《もうひつ》

くんよみ

氷

こおり

おんよみ

ヒョウ

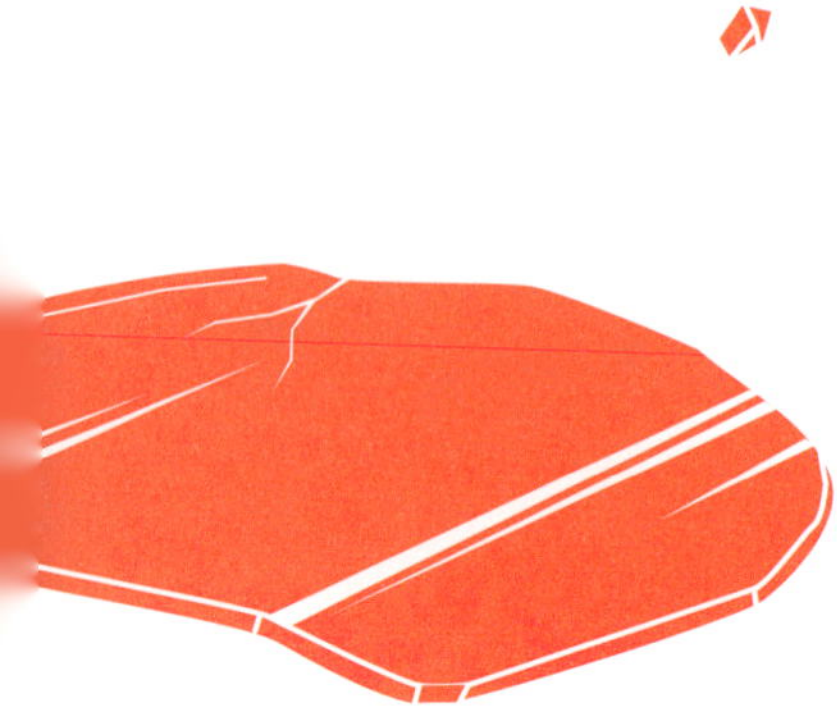

むかしのかん字

はやわかり となえことば

てんをうち
水《みず》がこおって
かたまる氷《こおり》

なりたち

水《みず》がひえて、かたまったのが、「こおり」だね。氷《こおり・ヒョウ》の、むかしのかん字《じ》は　。　のよこの「てん、てん」が、氷《こおり》のかたまりをあらわしている。　→　→冰→氷と、形《かたち》がかわって、いまの氷《こおり》の字《じ》になった。

かきじゅん

5画《かく》

ことばのれい

氷水《こおりみず》・かき氷《ごおり》・氷河《ひょうが》・氷山《ひょうざん》・流氷《りゅうひょう》

表

くんよみ　おもて・あらわ-す

おんよみ　ヒョウ

むかしのかん字

はやわかり　となえことば

**けものの皮《かわ》
毛《け》のあるほうが表《おもて》だよ**

なりたち

むかしの人《ひと》は、けものの皮《かわ》で、おもて（表）・うら（裏）をあらわした。表《おもて・ヒョウ》は、衣《ころも》と毛《け》を組《く》みあわせた字《じ》。「毛《け》のあるほうが、衣《ころも》（ふく）の表《おもて》だよ」ということをあらわしている。

❗裏《うら・り》は、衣《ころも》と、音《おん》をあらわす里《り》とを組《く》みあわせた字《じ》。

かきじゅん

8画《かく》

ことばのれい

表口《おもてぐち》・裏表《うらおもて》・表面《ひょうめん》・表情《ひょうじょう》・表現《ひょうげん》・表紙《ひょうし》・代表《だいひょう》・図表《ずひょう》・発表《はっぴょう》・年表《ねんぴょう》

くんよみ

おんよみ　ビョウ

秒

むかしのかん字

はやわかり　となえことば

秒《びょう》の字《じ》は ほそくて小《ちい》さな のぎからできた

なりたち

みのった米《こめ》のイネや麦《むぎ》を見《み》たことがあるかな？　実《み》のいちばん先《さき》に、細《こま》かい、はりのような毛《け》があるよ。それを「のぎ」という。

秒《ビョウ》は、その「のぎ」をあらわした字《じ》だ。禾（のぎへん）は、イネのこと。少《しょう》は、ここでは、のぎがとても小《ちい》さいことをあらわしている。

とても小《ちい》さく細《こま》かいことから、みじかい時間《じかん》の単位《たんい》の秒《ビョウ》につかわれた。

かきじゅん　9画《かく》

ことばのれい

秒針《びょうしん》・秒速《びょうそく》・秒読《びょうよ》み・一秒《いちびょう》・寸秒《すんびょう》

病

くんよみ やまい・(や-む)

おんよみ ビョウ

むかしのかん字

はやわかり となえことば

病人《びょうにん》が ねどこに ねている 病《やまい》だよ

なりたち

病《やまい・ビョウ》は、やまい（病気《びょうき》）をあらわす字《じ》だ。疒（やまいだれ）と丙《ヘイ》とに分《わ》けられるよ。疒（やまいだれ）は、病気《びょうき》でベッドに人《ひと》がねている形《かたち》なんだ。丙《ヘイ》は、ここでは、音《おん》をあらわすだけのやくめ。（病《ビョウ》は、ヘイ・ペイと読《よ》むことがあるよ。）

かきじゅん 10画《かく》

、 亠 广 广 疒 疒 疔 疔 病 病

ことばのれい

病《や》み上《あ》がり・病気《びょうき》・病院《びょういん》・病室《びょうしつ》・病人《びょうにん》・病状《びょうじょう》・大病《たいびょう》・急病《きゅうびょう》・看病《かんびょう》

品

くんよみ　しな

おんよみ　ヒン

むかしのかん字

はやわかり　となえことば

ねがいは
いろいろ
𠙵《サイ》をならべた
品《ひん》の文字《もじ》

なりたち

かん字《じ》ができたころ、神《かみ》さまにねがいごとをするとき、いのりのことばを書《か》いて、うつわに入《い》れて、そなえた。

そのうつわが𠙵《サイ》。

品《しな・ヒン》は、𠙵《サイ》（口）が三《みっ》つある形《かたち》。

𠙵《サイ》をたくさんならべて、いろいろなねがいを合《あ》わせていのることをあらわしている。


❗60ページの区《く》（區）も見《み》てね。

かきじゅん　9画《かく》

ことばのれい

品物《しなもの》・手品《てじな》・品種《ひんしゅ》・品質《ひんしつ》・食品《しょくひん》・
商品《しょうひん》・作品《さくひん》・薬品《やくひん》・上品《じょうひん》・下品《げひん》

くんよみ　おーう・まーける

負

おんよみ　フ

むかしのかん字

はやわかり　となえことば

負《ま》けるという字は
人《ひと》がおかね（貝《かい》）をせおったかたち

なりたち

負《おーう・フ》は、人《ひと》が貝《かい》をせおっている形《かたち》からできた字《じ》。

貝《かい》はむかし、お金《かね》につかわれた。だから、負《フ》は、だいじなものをせおっているすがたで、「負《お》う」といういみだ。（なぜか、貝《かい》の上《うえ》に人《ひと》がのっているように見《み》える形《かたち》だけど、人《ひと》がせおっているんだよ。）

負《フ》は、勝《か》ち負《ま》けの「まけ」をあらわす敗《はい》という字《じ》のかわりにも、つかわれるようになった。

かきじゅん　9画《かく》

ことばのれい

顔負《かおま》け・根負《こんま》け・負《お》い目《め》・負担《ふたん》・負傷《ふしょう》・勝負《しょうぶ》・自負《じふ》・抱負《ほうふ》

くんよみ

部

おんよみ

ブ

はやわかり　となえことば

全体《ぜんたい》を
いくつかに
わけた
部分《ぶぶん》の部《ぶ》

むかしのかん字

なりたち

部《ブ》は、音《（ハイ）》と阝（おおざと）とに分《わ》けられる字《じ》。

音《（ハイ）》は、草木《くさき》の実《み》がふくらんで、はじけるほどになっている形《かたち》。

部《ブ》は、その実《み》のなかが、部屋《へや》のようにに分《わ》かれているようすをあらわしている。

「全体《ぜんたい》をいくつかに分《わ》けた、そのうちのひとつ」といういみだ。

かきじゅん

11画《かく》

ことばのれい

部分《ぶぶん》・部品《ぶひん》・部員《ぶいん》・部族《ぶぞく》・部隊《ぶたい》・一部《いちぶ》・全部《ぜんぶ》・細部《さいぶ》・外部《がいぶ》・運動部《うんどうぶ》

くんよみ

服

おんよみ

フク

はやわかり　となえことば

こうさんだ　したがいますと　ちかう服《ふく》

むかしのかん字

なりたち

服《フク》は、「負《ま》けました」と、降服《こうふく》する儀式《ぎしき》をあらわした形《かたち》の字《じ》だ。月《つき》と𠬝《フク》とに分《わ》けられるよ。

𠬝《フク》は、人《ひと》を後《うし》ろからおさえつける形《かたち》。月《つき》は、ここではうつわの形《かたち》で、降服《こうふく》のしるしのささげものをあらわす。

服《フク》は、服従《ふくじゅう》（あいてにしたがうこと）のやくそくをして、新《あたら》しい仕事《しごと》につくこと（服務《ふくむ》）をあらわした字《じ》。やがて、着《き》る服《ふく》にもつかわれるようになった。

かきじゅん　8画《かく》

ことばのれい

服役《ふくえき》・感服《かんぷく》・不服《ふふく》・洋服《ようふく》・衣服《いふく》

くんよみ

おんよみ　フク

福

むかしのかん字

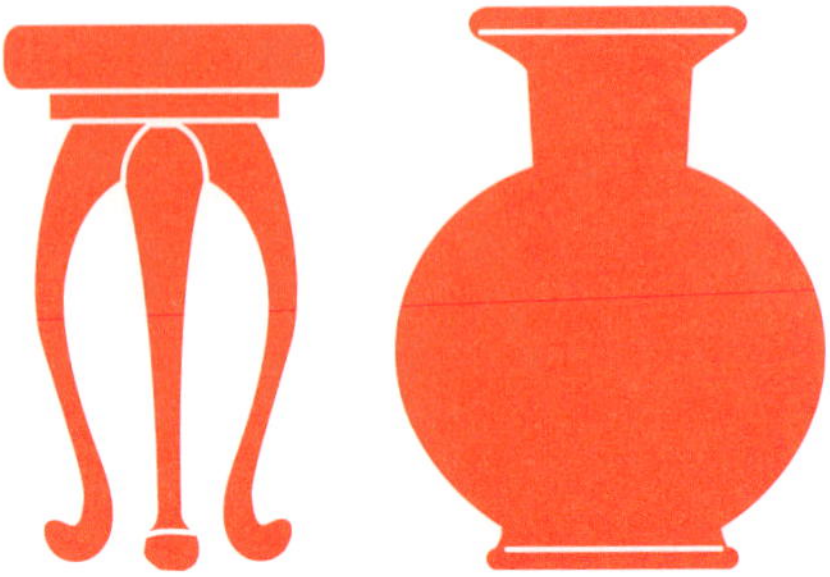

はやわかり　となえことば

酒《さけ》のたる
おそなえにして
福《ふく》まねく

なりたち

福《フク》は、ネ（しめすへん）と畐《フク》だよ。ネ（しめすへん）は、神《かみ》をまつるつくえの形《かたち》。示→示→ネと、形《かたち》がかわった。畐《フク》は、おなかのふくらんだたるや、かめ。お酒《さけ》の入《はい》ったボトルだね。福《フク》は、たる酒《ざけ》をそなえて、しあわせをいのることをあらわした字《じ》。

かきじゅん　13画《かく》

、ラネネ衦衦衦衦衦福福福福

ことばのれい

福引《ふくび》き・福耳《ふくみみ》・福笑《ふくわら》い・福音《ふくいん》・福祉《ふくし》・幸福《こうふく》・祝福《しゅくふく》・裕福《ゆうふく》・至福《しふく》

くんよみ

もの

物

おんよみ

ブツ・モツ

はやわかり　となえことば

もとは牛《うし》
いまはものを
あらわす物《もの》

むかしのかん字

なりたち

物《もの・ブツ》は、牛（うしへん）と勿《(ブツ)》だよ。勿《(ブツ)》は、すきで、土《つち》をたがやす形《かたち》。物《ブツ》は、牛《うし》にすきを引《ひ》かせて、田畑《たはた》をたがやすことをあらわした形《かたち》。だから、牛（うしへん）なんだね。

いまでは物《ブツ》は、いろいろある「もの」をあらわすのにつかわれる。

かきじゅん　8画《かく》

ノ ⺧ 牛 牛 牜 牞 物 物

ことばのれい

着物《きもの》・落《お》とし物《もの》・物質《ぶっしつ》・動物《どうぶつ》・生物《せいぶつ》・好物《こうぶつ》・名物《めいぶつ》・作物《さくもつ》・禁物《きんもつ》

くんよみ　たい-ら・ひら

平

おんよみ　ヘイ・ビョウ

はやわかり　となえことば

おので木《き》を
平《たい》らにけずる
かたちの平《へい》

むかしのかん字

なりたち

平《たい-ら・へい》の、むかしのかん字《じ》を見《み》てごらん。木《き》をけずる手斧《ちょうな》という道具《どうぐ》（）に、ハがついている形《かたち》だよ。ハは、とびちる木《き》の破片《はへん》をあらわしている。

平《へい》は、手斧《ちょうな》で木《き》をけずって、平《たい》らにすることをあらわした形《かたち》。

かきじゅん

一　丆　冂　亚　平

5画《かく》

ことばのれい

平泳《ひらおよ》ぎ・平面《へいめん》・平野《へいや》・平日《へいじつ》・平熱《へいねつ》・平均《へいきん》・平和《へいわ》・平気《へいき》・公平《こうへい》・平等《びょうどう》

返

くんよみ かえ-す

おんよみ ヘン

むかしのかん字

はやわかり となえことば

がけのぼり
くり返《かえ》したけど
ひき返《かえ》す

なりたち

返《かえ-す・ヘン》は、⻌（しんにょう）と反《ハン》だよ。
反《ハン》は、がけ（厂）に手（又・ヨ）をかけてよじのぼろうとする形《かたち》。
⻌（しんにょう）は、うごきをあらわすしるし。
返《ヘン》は、「かえる」「元《もと》にもどる」「元《もと》にかえす」といういみにつかわれるよ。
「がけをのぼろうとしたが、できずにひき返《かえ》す」と、おぼえてもいいね。

かきじゅん 7画《かく》

一 厂 万 反 反 返 返

ことばのれい

くり返《かえ》し・折《お》り返《かえ》し・宙返《ちゅうがえ》り・返事《へんじ》・返答《へんとう》・返送《へんそう》・返信《へんしん》・返品《へんぴん》

くんよみ

勉

（つと－める）

おんよみ

ベン

むかしのかん字

はやわかり　となえことば

すきをもち　田畑《たはた》のしごとにつとめる勉《べん》

なりたち

勉《ベン》のなかの力《りょく》は、田畑《たはた》をたがやす道《どう》具《ぐ》の形《かたち》。すきというよ。

免《メン》は、赤《あか》ちゃんを生《う》むときのおかあさんのすがたからできた字《じ》。

免《メン》と力《りょく》をあわせて勉《ベン》。

勉《ベン》は、もともと、力《ちから》をこめて、農作《のうさ》業《ぎょう》につとめることをあらわしていた。

土《つち》をたがやすときも、子《こ》どもを生《う》むときも、どちらも力《ちから》をこめるからね。

かきじゅん

10画《かく》

ことばのれい

勉強《べんきょう》・勉学《べんがく》・勤勉《きんべん》

放

くんよみ　はな-す・はな-つ　ほう-る

おんよみ　ホウ

むかしのかん字

はやわかり　となえことば

あくりょうを　はらう　まじない　放《ほう》の文字《もじ》

なりたち

悪霊《あくりょう》がわるいことをおこすと信《しん》じられていた時代《じだい》には、いまでは考《かんが》えられないようなまじないがあった。

放《はな-す・ホウ》は、方《ホウ》と攴《ぼく》（攵・むちづくり）をあわせた字《じ》。

方《ホウ》は、横木《よこぎ》に死《し》んだ人《ひと》をつるした形《かたち》。国《くに》ざかいにおいて、おはらいのまじないにしたのだという。

攵《ぼく》は、手《て》にむちをもつ形《かたち》。

放《ホウ》は、悪霊《あくりょう》を追放《ついほう》する（おいはらう）ことをあらわした字《じ》。

かきじゅん　8画《かく》

ことばのれい

手放《てばな》し・放送《ほうそう》・放課後《ほうかご》・追放《ついほう》・開放《かいほう》

音《おん》よみが「マ行《ぎょう》」「ヤ行《ぎょう》」のかん字《じ》

一《いち》族《ぞく》の旗《はた》

古代《こだい》、人《ひと》びとは、血《ち》のつながりあったものどうしが、まとまってくらしていた。そのまとまりを「氏《し》族《ぞく》」といい、氏族《しぞく》は、それぞれの旗《はた》（氏族旗《しぞくき》）をもっていた。

そして、たとえば、王《おう》さまの命《めい》令《れい》で別《べつ》の土地《とち》に行《い》くことになったときなど、一族《いちぞく》は、その旗《はた》をおしたてて、一団《いちだん》となって移動《いどう》した。

③ 族 ゾク

族《ゾク》は、旗《はた》のもとでちかいあって、かたくむすばれた一族《いちぞく》をあらわした字《じ》。矢《や》は、ちかいをかわすときの道具《どうぐ》。（くわしくは136ページに）

③ 旅 たび・リョ

氏族旗《しぞくき》をおしたてて移動《いどう》する、一族《いちぞく》の人《ひと》びと。そうした一団《いちだん》を旅《リョ》といった。（くわしくは228ページに）

③ 遊 あそ−ぶ・ユウ

遊《ユウ》は、旗《はた》といっしょに神《かみ》さまが移動《いどう》して、遊《あそ》ぶこと。遊《ユウ》の字《じ》のなかにある子《こ》は、氏族《しぞく》の霊《れい》をあらわしているのだろう。（くわしくは217ページに）

味

くんよみ
あじ・あじ-わう

おんよみ
ミ

むかしのかん字

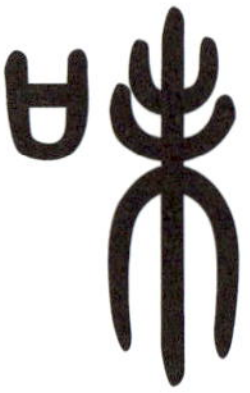

はやわかり となえことば

いい味《あじ》の
草《くさ》木《き》の新《しん》芽《め》
あらわす味《み》

なりたち

あまい、しょっぱい、すっぱい、からい、にがい。いろんな味《あじ》があるね。

味《あじ・み》は、それをあらわす字《じ》。

未《み》は、木《き》のえだの先《さき》がぐんぐんのびていく形《かたち》。ミという音《おん》をあらわすぶぶんだけど、新《あたら》しい木《き》の芽《め》は「あじ」がいいからね。

口《くち》は、ここでは、ものを食《た》べるくちをあらわしている。

かきじゅん 8画《かく》

丨 ㇆ 口 口一 口二 口キ 口未 味

ことばのれい

味見《あじみ》・薄味《うすあじ》・味覚《みかく》・味方《みかた》・調味料《ちょうみりょう》・美味《びみ》・意味《いみ》・興味《きょうみ》・趣味《しゅみ》・不気味《ぶきみ》

くんよみ いのち

命

おんよみ メイ

むかしのかん字

はやわかり となえことば

おおむかし
神《かみ》のおつげを
あらわした命《めい》

なりたち

「命令《めいれい》」ということばがある。命《いのち・メイ》は、令《れい》と𠙵《サイ》（口）をあわせた字《じ》なんだ。

令《れい》は、儀式用《ぎしきよう》のぼうしをかぶって、ひざまずいている人《ひと》のすがた。神《かみ》のお告《つ》げをうけようとしているところだ。

その人《ひと》のまえに、いのりのことばを入《い》れるうつわ（𠙵《サイ》）があるのが、命《メイ》。

命《メイ》も令《れい》も、もともとは、神《かみ》のお告《つ》げ（命令《めいれい》）をあらわす字《じ》だった。

命《メイ》は、「いのち」のいみにもつかわれる。

かきじゅん 8画《かく》

ノ 人 亼 亽 合 合 命 命

ことばのれい

命《いのち》がけ・命名《めいめい》・生命《せいめい》・救命《きゅうめい》・運命《うんめい》

面

くんよみ （おも）・（おもて）

おんよみ メン

はやわかり となえことば

お面《めん》から
目《め》だけが
見《み》えてる
かたちの面《めん》

むかしのかん字

なりたち

面《メン》は、目《め》だけ見《み》えている「おめん」の形《かたち》からできた字《じ》。むかしのかん字《じ》を見《み》ると、よくわかるよ。

祭《まつ》りやおどりなどは、もともと、神《かみ》にささげる儀式《ぎしき》だった。お面《めん》も、そのときにつかったんだ。

面《メン》は、いまは、「かお」や「おもて」といういみにもつかわれる。

かきじゅん 9画《かく》

一 ア 丆 丙 丙 而 而 而 面

ことばのれい

面持《おもも》ち・面長《おもなが》・矢面《やおもて》・面会《めんかい》・面接《めんせつ》・仮面《かめん》・洗面台《せんめんだい》・地面《じめん》・表面《ひょうめん》・正面《しょうめん》

問

くんよみ　と－い・と－う　とん

おんよみ　モン

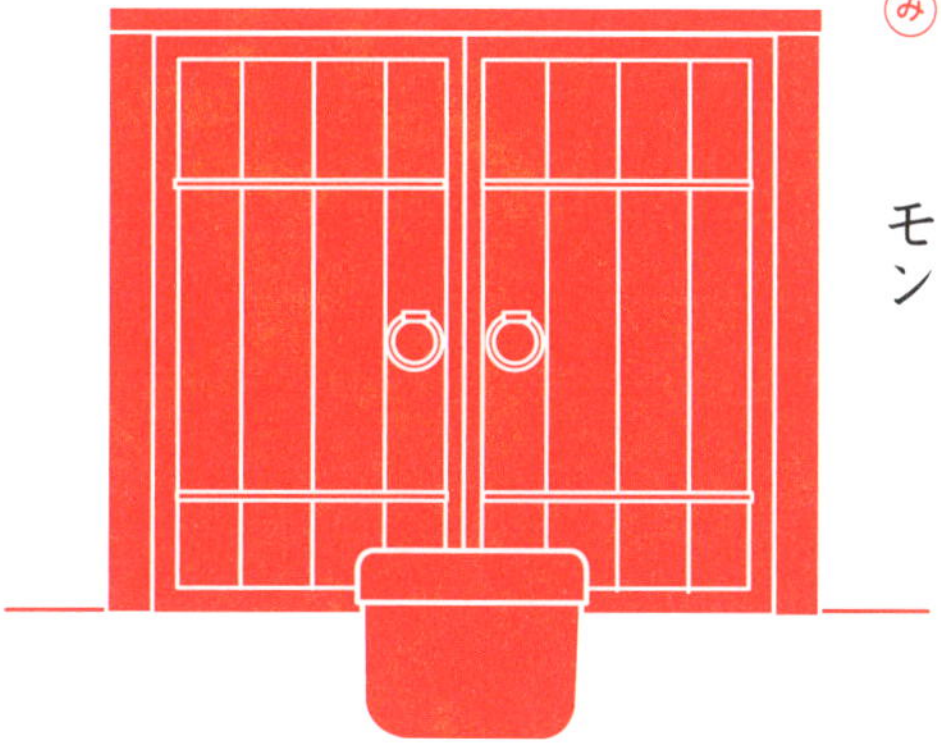

むかしのかん字

はやわかり　となえことば

𠙵《サイ》をおき　ねがいが　かなうか　門《もん》で問《と》う

なりたち

問《とう・モン》は、門《もん》に𠙵《サイ》（口）をおいた形《かたち》。

問《モン》は、祖先《そせん》をまつるたてものの門《もん》に、いのりのことばを入《い》れたうつわ（𠙵《サイ》）をおいて、「神《かみ》さま、どう思《おも》いますか」と、問《と》いかける（聞《き》く）ことをあらわした字《じ》。

かきじゅん　11画《かく》

丨 ｢ ｢ 戸 戸 門 門 門 門 問 問

ことばのれい

問《と》いかけ・問屋《とんや》・問題《もんだい》・問答《もんどう》・学問《がくもん》・質問《しつもん》・疑問《ぎもん》・訪問《ほうもん》

くんよみ

役

おんよみ

ヤク・（エキ）

むかしのかん字

はやわかり　となえことば

**ぶきを手《て》に
遠《とお》くにでかけて
まもる役《やく》**

なりたち

役《ヤク》の右《みぎ》がわの殳《（しゅ）》は、武器《ぶき》を手《て》にもつ形《かたち》だよ。やりにたほこの形《かたち》だという。役《ヤク》は、武器《ぶき》をもって、遠《とお》いところまで出《で》かけ、まもりの役目《やくめ》（兵役《へいえき》）につくことをあらわした字《じ》だ。彳（ぎょうにんべん）は、行《ぎょう》の左半分《ひだりはんぶん》で、「みち」や「行《い》くこと」をあらわす形《かたち》。

かきじゅん

ノ ク 彳 彳 彸 役 役

7画《かく》

ことばのれい

役所《やくしょ》・役場《やくば》・役人《やくにん》・役員《やくいん》・役目《やくめ》・役割《やくわり》・役者《やくしゃ》・主役《しゅやく》・配役《はいやく》・懲役《ちょうえき》

くんよみ　くすり

おんよみ　ヤク

薬

むかしのかん字

はやわかり　となえことば

くさかんむりに
楽《がく》の字《じ》かいて
薬《くすり》だよ

なりたち

薬《くすり・ヤク》は、きずや病気《びょうき》をなおすための「くすり」だよ。艹（くさかんむり）がついているから、薬草《やくそう》をあらわしている。楽《ガク》は、すずの形《かたち》からできた字《じ》。ここでは、音《おん》をあらわすぶぶん。むかし、すずは、神《かみ》を楽《たの》しませるためや、病気《びょうき》をなおすためのおいのりにもつかわれた。

かきじゅん　16画《かく》

薬　薬

ことばのれい

目薬《めぐすり》・飲《の》み薬《ぐすり》・薬局《やっきょく》・薬品《やくひん》・農薬《のうやく》

くんよみ

由

おんよみ

ユ・ユウ

はやわかり　となえことば

ひょうたんの
かたちからできた
自由《じゆう》の由《ゆう》

なりたち

「ひょうたん」って、知《し》っているかな。絵《え》のような形《かたち》の実《み》だよ。いろいろな大《おお》きさのものがある。外《そと》のからは、かたいんだ。

中味《なかみ》をすてて、きれいにして、かわかして、水《すい》とうなどにつかった。

由《ユ・ユウ》は、ひょうたんのなかの実《み》が、熟《じゅく》してとけて、からになった形《かたち》の字《じ》。

かきじゅん　5画《かく》

丨 冂 巾 由 由

ことばのれい

由来《ゆらい》・経由《けいゆ》・自由《じゆう》・理由《りゆう》

くんよみ　あぶら

油

おんよみ　ユ

むかしのかん字

はやわかり　となえことば

ひょうたんの なかみがどろどろ 油《あぶら》のようだ

なりたち

油《ユ・あぶら》は、氵（さんずい）と由《ユウ》。
由《ユウ》は、ひょうたんの形《かたち》からできた字《じ》。ひょうたんの中味《なかみ》は、熟《じゅく》すと、どろどろになる。
それを油《ユ》という字《じ》であらわした。植物《しょくぶつ》からとった「あぶら」だね。
いまは、いろいろな「あぶら」をあらわす。

かきじゅん　8画《かく》

、 ⺀ 氵 氵丨 氵冂 汩 油 油

ことばのれい

油絵《あぶらえ》・ごま油《あぶら》・油断《ゆだん》・原油《げんゆ》・石油《せきゆ》

くんよみ　あ-る

有

おんよみ　ユウ・（ウ）

むかしのかん字

はやわかり　となえことば

右《みぎ》の手《て》に　肉《にく》（月）をもってる　有《ゆう》の字《じ》だ

なりたち

有《あ-る・ユウ》という字《じ》は、手《て》で肉《にく》をもっている形《かたち》なんだ。

手《て》をあらわす又《（ゆう）》（ヌ）と、肉《にく》をあらわす月（夕・にくづき）とをあわせた字《じ》。

有《ユウ》のもともとのいみは、おそなえの肉《にく》を手《て》にもって、神《かみ》に「どうぞ」とすすめること。

「ある」「もっている」といういみにつかわれる字《じ》だよ。

かきじゅん　6画《かく》

ノ ナ 冇 有 有

ことばのれい

有名《ゆうめい》・有力《ゆうりょく》・有料《ゆうりょう》・有利《ゆうり》・有害《ゆうがい》・所有《しょゆう》・共有《きょうゆう》・特有《とくゆう》・有無《うむ》

くんよみ　あそ-ぶ

遊

おんよみ　ユウ

むかしのかん字

はやわかり　となえことば

はたを立《た》て　神《かみ》といっしょに旅《たび》して遊《あそ》ぶ

なりたち

古代中国《こだいちゅうごく》では、一族《いちぞく》の旗《はた》に祖先《そせん》の霊《れい》がやどると信《しん》じられていた。一族《いちぞく》は、その旗《はた》をおしたてて出《で》かけた。

遊《あそ-ぶ・ユウ》のもともとのいみは、旗《はた》にやどった神霊《しんれい》が、自由自在《じゆうじざい》に行動《こうどう》すること。

遊《ユウ》の字《じ》のなかの斿は、ふきながしのある旗《はた》ざお（㫃）の下《した》に、子《こ》がいる形《かたち》。

辶（しんにょう）は、「行《い》く」「すすむ」といういみをあらわしている。

かきじゅん　12画《かく》

ことばのれい

遊《あそ》び場《ば》・遊園地《ゆうえんち》・遊技《ゆうぎ》・遊牧《ゆうぼく》・周遊《しゅうゆう》

くんよみ

予

おんよみ

ヨ

はやわかり　となえことば

これからの
ことをうらなう
予告《よこく》の予《よ》

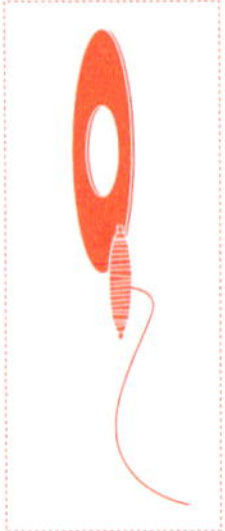

むかしのかん字

（豫）

なりたち

予《ヨ》の、もとの字《じ》は豫。予《ヨ》と象《ぞう》だ。予《ヨ》は、音《おん》をあらわすぶぶん。おそらく、むかし、象《ぞう》をつかってうらないをする方法《ほうほう》があって、そこから「予測《よそく》」「予想《よそう》」などとつかう字《じ》になったのだろう。

もうひとつ、別《べつ》のなりたちの、予《ヨ》という字《じ》があって、それは、はたおりのときに横糸《よこいと》を通《とお》す道具《どうぐ》の形《かたち》。

かきじゅん

フ　マ　ヱ　予

4画《かく》

ことばのれい

予定《よてい》・予感《よかん》・予言《よげん》・予告《よこく》・予報《よほう》・予防《よぼう》・予約《よやく》・予算《よさん》・予習《よしゅう》・予選《よせん》

くんよみ　ひつじ

羊

おんよみ　ヨウ

むかしのかん字

はやわかり　となえことば

おとなしく
角《つの》の
きれいな
羊《ひつじ》だよ

なりたち

羊《ひつじ・ヨウ》は、角《つの》を大《おお》きく書《か》いた「ひつじ」のすがたからできた字《じ》。前《まえ》からみたところだよ。

かん字《じ》ができたころ、羊《ひつじ》は、神《かみ》へのささげものにされた。そして、けものの角《つの》は、神《かみ》をまつる道具《どうぐ》にもつかわれた。

羊《ひつじ》（）も、牛《うし》（）も、りっぱな角《つの》のある形《かたち》の字《じ》だよ。

かきじゅん　6画《かく》

丶　丷　䒑　兰　兰　羊

ことばのれい

羊飼《ひつじか》い・子羊《こひつじ》・羊毛《ようもう》・牧羊《ぼくよう》・綿羊《めんよう》

くんよみ

洋

おんよみ

ヨウ

むかしのかん字

はやわかり　となえことば

さんずいに羊《よう》
ひろびろとした
海《うみ》が大洋《たいよう》

なりたち

洋《ヨウ》とは、大洋《たいよう》（大《おお》きな海《うみ》）や、ひろびろとしたようすをあらわす字《じ》だ。
氵（さんずい）のつく字《じ》は、水《みず》につながりのある字《じ》だよ。
羊《ヨウ》は、ここでは、ただヨウという音《おん》をあらわすだけのやくめ。
洋《ヨウ》は、「西洋《せいよう》」「東洋《とうよう》」などともつかわれる。

かきじゅん　9画《かく》

、 冫 氵 氵丶 氵丷 氵䒑 氵𦍒 氵羊 洋

ことばのれい

洋上《ようじょう》・洋食《ようしょく》・洋楽《ようがく》・洋書《ようしょ》・海洋《かいよう》・遠洋《えんよう》・太平洋《たいへいよう》・大西洋《たいせいよう》・和洋《わよう》

葉

くんよみ は

おんよみ ヨウ

むかしのかん字

はやわかり となえことば

えだ三本《さんぼん》
えだの先《さき》には
葉《は》があるよ

なりたち

葉《は・ヨウ》とは、草《くさ》や木《き》の「はっぱ」のこと。

艹（くさかんむり）と枼《ヨウ》だよ。

枼《ヨウ》は世《よ》＋木《き》で、世《よ》のぶぶんは、新《あたら》しいえだがのびている形《かたち》。

艹（くさかんむり）は、植物《しょくぶつ》をあらわすしるし。

「木《き》からえだがのびて、そこにはっぱがあるよ」というのが、葉《は》の字《じ》だね。

！世《よ》のなりたちは、127ページを見《み》てね。

かきじゅん 12画《かく》

一 十 艹 … 葉

ことばのれい

葉書《はがき》・葉桜《はざくら》・青葉《あおば》・若葉《わかば》・葉脈《ようみゃく》・紅葉《こうよう》・落葉《らくよう》

くんよみ

陽

おんよみ

ヨウ

はやわかり　となえことば

はしごのまえ
玉《ぎょく》の光《ひかり》が
かがやく陽《よう》

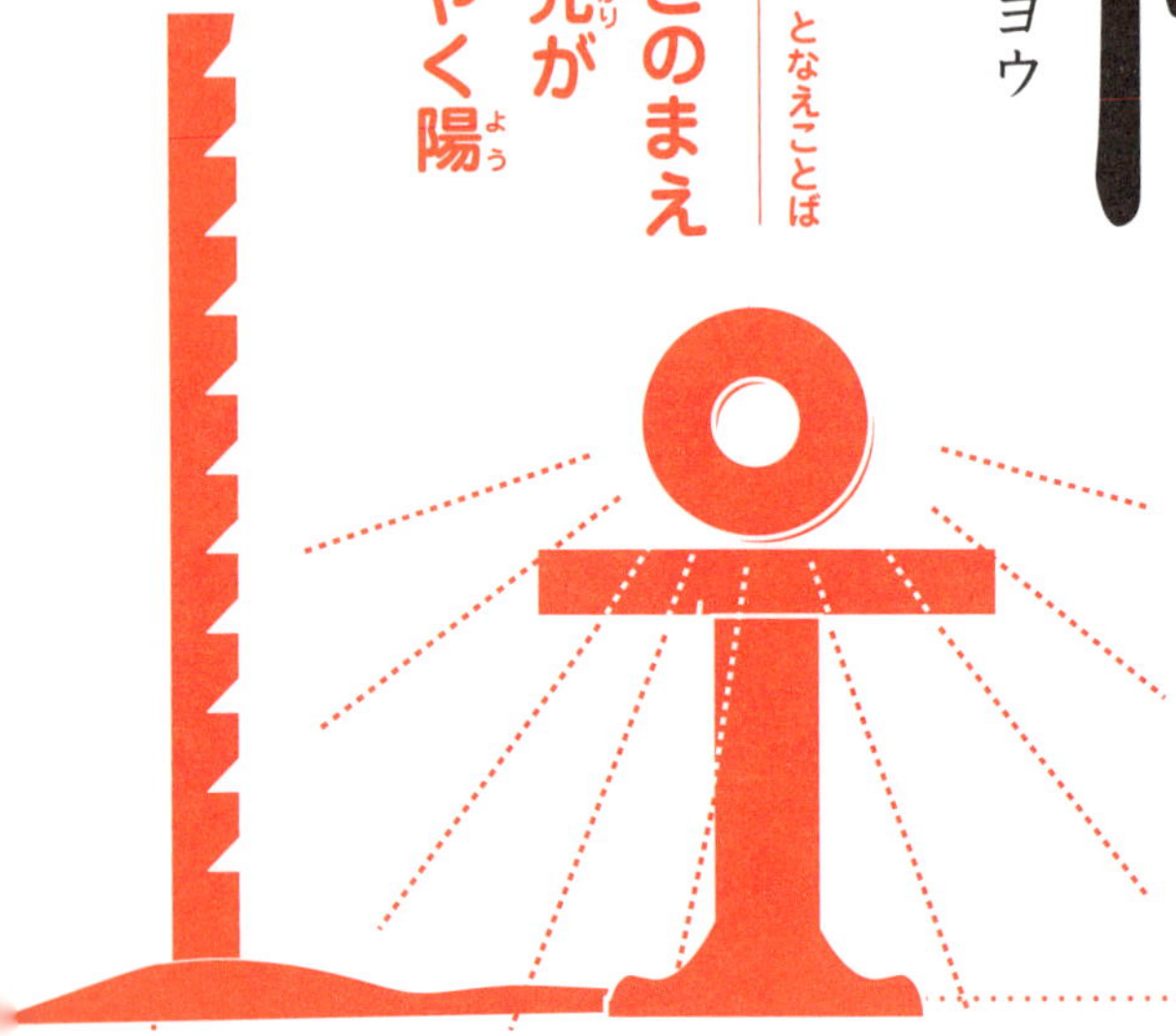

むかしのかん字

なりたち

陽《ヨウ》の、むかしのかん字《じ》を見《み》てみよう。（阝）は、はしごの形《かたち》だよ。天《てん》の神《かみ》がのぼりおりするためのはしごをあらわしている。昜《（ヨウ）》は、台《だい》の上《うえ》に、かがやく宝石《ほうせき》の玉《ぎょく》をおいた形《かたち》。陽《ヨウ》は、はしごの前《まえ》が、玉《ぎょく》の光《ひかり》でかがやくことをあらわす形《かたち》。いまは「太陽《たい》」の陽《ヨウ》につかわれる。

かきじゅん

12画《かく》

ことばのれい

陽光《ようこう》・陽春《ようしゅん》・陽気《ようき》・太陽《たいよう》・陰陽《いんよう》

くんよみ　さま

様

おんよみ　ヨウ

むかしのかん字

はやわかり　となえことば

文様《もんよう》や
様子《ようす》をあらわす
様《さま》の字《じ》だ

なりたち

様《さま・ヨウ》は、「ようす」「かたち」といういみの字《じ》。もともとは、クヌギやトチの木《き》をあらわす字《じ》だったという。トチは、橡《よう》とも書《か》く。これが、像《ぞう》（すがたかたち）という字《じ》とまざってつかわれるようになり、そこから様《ヨウ》も、「ようす」「かたち」のいみにつかわれるようになった。

名前《なまえ》につける「さま」は、日本《にほん》でのつかわれかた。

かきじゅん　14画《かく》

一　十　才　木　木′　木″　栏　栏　样　样　样　様　様　様

ことばのれい

様変《さまが》わり・王様《おうさま》・皆様《みなさま》・ご苦労様《くろうさま》・様子《ようす》・文様《もんよう》・模様《もよう》・多様《たよう》・同様《どうよう》

音《おん》よみが「ラ行《ぎょう》」「ワ行《ぎょう》」のかん字《じ》

くんよみ　おーちる

おんよみ　ラク

落

むかしのかん字

はやわかり　となえことば

木《こ》の葉《は》が
はらりと
落《お》ちてきた

なりたち

落《おーちる・ラク》は、木《こ》の葉《は》が落《お》ちることをあらわした字だよ。植物《しょくぶつ》をあらわす艹（くさかんむり）と、洛《ラク》とに分《わ》けられる字《じ》。洛《ラク》は、ここでは、ラクという音《おん》をあらわすだけのやくめ。

かきじゅん　12画《かく》

一 十 廾 艹 艹 艹 艹 莎 莎 茨 落 落 落

ことばのれい

落《お》ち葉《ば》・落《お》とし物《もの》・色落《いろお》ち・落石《らくせき》・落馬《らくば》・落着《らくちゃく》・落葉樹《らくようじゅ》・転落《てんらく》・集落《しゅうらく》

くんよみ

おんよみ

流

ながーれる

リュウ

むかしのかん字

はやわかり　となえことば

もともとは 子《こ》どもが水《みず》に 流《なが》されること

なりたち

流《ながーれる・リュウ》は、氵（さんずい）と㐬《（とつ）》とを組《く》みあわせた形《かたち》。

㐬《（とつ）》は、むかしのかん字《じ》では。さかさまになっている子《こ》の下《した》に、かみの毛《け》がたれている形《かたち》。

流《リュウ》は、もともとは、水《みず》に流《なが》された人《ひと》をあらわしていた。むかしは、こう水《ずい》で人《ひと》が流《なが》されることが多《おお》かったんだ。

流《リュウ》はやがて、水《みず》の流《なが》れのいみにつかわれるようになった。

かきじゅん　10画《かく》

丶 冫 氵 氵 汁 汯 汯 浐 济 流

ことばのれい

流《なが》れ星《ぼし》・流水《りゅうすい》・流氷《りゅうひょう》・流行《りゅうこう》・電流《でんりゅう》・合流《ごうりゅう》・交流《こうりゅう》・一流《いちりゅう》・自己流《じこりゅう》・風流《ふうりゅう》

くんよみ たび

旅

おんよみ リョ

むかしのかん字

はやわかり となえことば

はたを立《た》て 一族《いちぞく》そろって 旅《たび》をする

なりたち

旅《たび・リョ》のなりたちは、絵《え》とむかしのかん字《じ》を見《み》れば、よくわかるよ。

一族《いちぞく》（氏族《しぞく》）の旗《はた》をかかげて、人《ひと》びとがあるいているところ。遠《とお》くまで出《で》かけるときのようすだよ。

ここでは二人《ふたり》だけど、じっさいには、一族《いちぞく》の人《ひと》たちといういみだ。

こうして、一団《いちだん》となって遠《とお》くへいくことを旅《たび・リョ》といった。

かきじゅん 10画《かく》

ことばのれい

旅人《たびびと》・旅立《たびだ》ち・旅先《たびさき》・旅路《たびじ》・長旅《ながたび》・一人旅《ひとりたび》・旅行《りょこう》・旅館《りょかん》・旅客機《りょかくき》

くんよみ

両

おんよみ

リョウ

はやわかり　となえことば

馬《うま》　二頭《にとう》
くびきに
つけた
両《りょう》の文字《もじ》

むかしのかん字

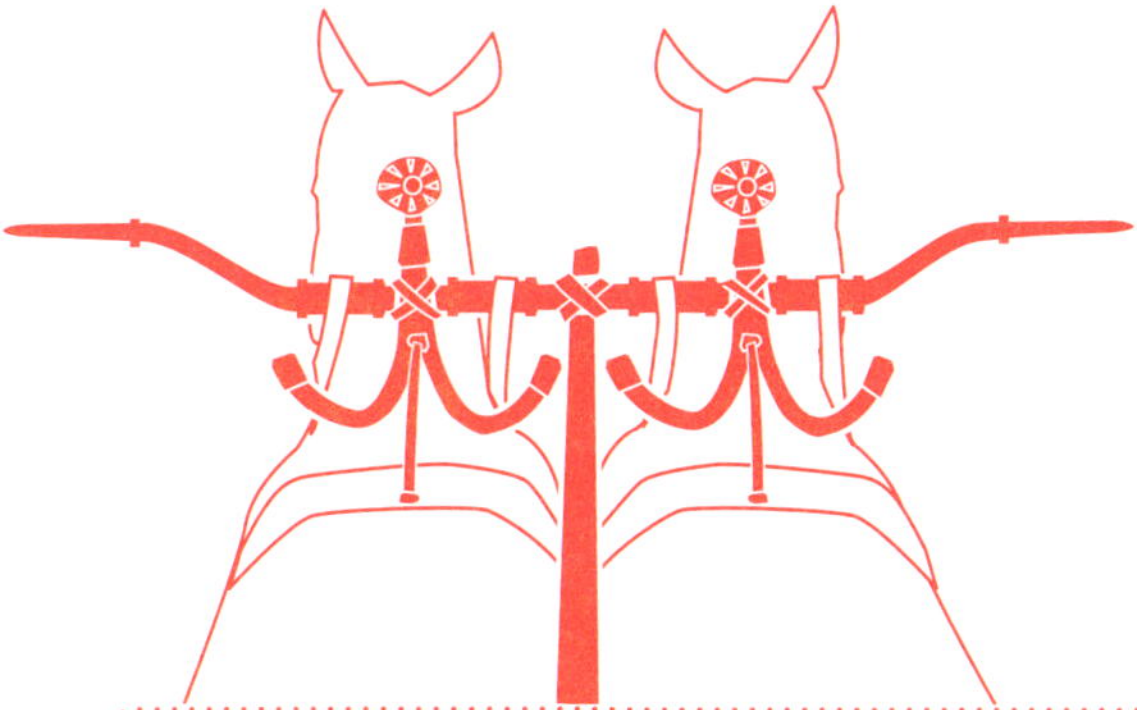

なりたち

むかしの車《くるま》といえば、馬車《ばしゃ》のこと。両《リョウ》は、二頭立《にとうだ》ての馬車《ばしゃ》からできた字《じ》だ。

二頭《にとう》の馬《うま》が、くびきという道具《どうぐ》で車《くるま》につながれた。両《リョウ》のむかしのかん字《じ》は、そのくびきの形《かたち》。

二頭分《にとうぶん》だから、両《リョウ》は、「両方《りょうほう》」「両側《りょうがわ》」など、「ふたつならぶ」といういみにつかわれる。

かきじゅん　6画《かく》

一 丅 冂 币 両 両

ことばのれい

両面《りょうめん》・両手《りょうて》・両親《りょうしん》・両替《りょうがえ》・車両《しゃりょう》

くんよみ　みどり

緑

おんよみ　リョク

むかしのかん字

はやわかり　となえことば

糸《いと》をおり
きれいな緑《みどり》にそめたぬの

なりたち

緑《みどり・リョク》は、もともとは、みどり色《いろ》にそめたきぬのおりものをあらわした字《じ》だ。それを儀式用《ぎしきよう》のいしょうに仕立《した》てた。糸《いと》でおった布《ぬの》だから、糸（いとへん）なんだね。

录《ロク》は、もとは彔と書《か》いた。木《き》にあなをあけるきりの形《かたち》だけど、ここでは、音《おん》をあらわすだけのやくめ。（緑《リョク》はロクともよむことがあるよ。）

かきじゅん

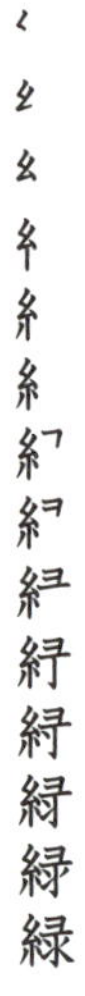

14画《かく》

ことばのれい

緑色《みどりいろ》・黄緑《きみどり》・緑茶《りょくちゃ》・緑地《りょくち》・新緑《しんりょく》

くんよみ

礼

おんよみ　レイ

むかしのかん字　禮（禮）

はやわかり　となえことば

あまざけをつかった
ぎしきが
礼《れい》の文字《もじ》

なりたち

礼《レイ》の、もとの字《じ》は禮。示《しめーす》と豊《(れい)》だよ。
示《しめーす》は、神《かみ》をまつるつくえの形《かたち》。
豊《(れい)》は、あまざけをあらわしている。
あまざけをつかう儀式《ぎしき》を、礼《レイ》（禮）
といった。
日本《にほん》のお祭《まつ》りでも、お酒《さけ》をそなえた
りするよ。

かきじゅん　5画《かく》

、ラネネ礼

ことばのれい

礼状《れいじょう》・礼儀《れいぎ》・礼節《れいせつ》・礼服《れいふく》・朝礼《ちょうれい》・
祭礼《さいれい》・謝礼《しゃれい》・失礼《しつれい》・無礼《ぶれい》・目礼《もくれい》

くんよみ

おんよみ

列

レツ

むかしのかん字

はやわかり　となえことば

おおむかし
首《くび》をならべた
列《れつ》の文字《もじ》

なりたち

この字《じ》のなりたちは、かなりこわい。古代《こだい》、地下《ちか》の王《おう》の墓《はか》をまもるまじないに、首《くび》をならべてうめたのだという。いまから何千年《なんぜんねん》もまえの話《はなし》だ。

列《レツ》は、切《き》られた首《くび》（歹）と、刀《かたな》（刂・りっとう）をあわせた形《かたち》で、首《くび》をならべるといういみの字《じ》だった。

むかしのかん字《じ》のは、首《くび》の上《うえ》にかみの毛《け》のある形《かたち》。

かきじゅん

一　ア　万　歹　歹　列

6画《かく》

ことばのれい

列車《れっしゃ》・列島《れっとう》・整列《せいれつ》・行列《ぎょうれつ》・配列《はいれつ》

くんよみ

練

ねーる

おんよみ

レン

はやわかり　となえことば

糸《いと》のたば
ふくろに入《い》れて
おゆで練《ね》る

むかしのかん字

（練）

なりたち

まゆからきぬ糸《いと》をとり、それをつむいで、布《ぬの》におりあげる。そのとちゅう、何回《なんかい》も、糸《いと》たばをにたり、そめたりする。やわらかく、つやのある、その糸《いと》や布《ぬの》を「ねりぎぬ」というよ。

練《ねーる・レン》は、そうやって糸《いと》や布《ぬの》をつくることをあらわした字《じ》。

この字《じ》の東《トウ》は、もとは柬《かん》と書《か》いた。ふくろのなかにものが入《はい》っている形《かたち》だよ。

かきじゅん　14画《かく》

く 幺 幺 糸 糸 糸 糸一 糸冂 糸闩 糸亘 紳 練 練 練

ことばのれい

練《ね》りがらし・練習《れんしゅう》・訓練《くんれん》・修練《しゅうれん》・熟練《じゅくれん》・試練《しれん》・洗練《せんれん》・未練《みれん》

くんよみ

路

ロ　じ

おんよみ

むかしのかん字

はやわかり　となえことば

神《かみ》さまが
おりてくる
みちの路《じ》だ

なりたち

路《じ・ロ》は、「みち」といういみの字《じ》だ。足（あしへん）に各《カク》と書《か》く。各《カク》は、いのりにこたえて、神《かみ》が天《てん》からくだることをあらわす形《かたち》。だから、路《ロ》とは、神《かみ》のくだる「みち」。地上《ちじょう》の「みち」は、道《みち・ドウ》の字《じ》であらわした。

かきじゅん

13画《かく》

ことばのれい

旅路《たびじ》・家路《いえじ》・路地《ろじ》・路上《ろじょう》・路線《ろせん》・道路《どうろ》・通路《つうろ》・線路《せんろ》・回路《かいろ》・進路《しんろ》

くんよみ （やわ-らぐ）・（なご-む）

和

おんよみ ワ

むかしのかん字

はやわかり となえことば

軍門《ぐんもん》の
まえに
𠙵《サイ》おき
平和《へいわ》をちかう

なりたち

和《ワ》は、「戦争《せんそう》をやめて、平和《へいわ》をとりもどそう」と、たがいにやくそくすることをあらわした字《じ》だ。

禾《か》と口（𠙵《サイ》）をあわせた形《かたち》。そして禾《か》は、ここでは、イネではなくて、軍《ぐん》隊《たい》の陣地《じんち》の門《もん》をあらわしているよ。

和《ワ》は、いのりのことばを入《い》れるうつわの𠙵《サイ》（口）をおいて、軍隊《ぐんたい》の陣地《じんち》で平和《へいわ》をちかいあうことをあらわした字《じ》。

かきじゅん 8画《かく》

ノ 二 千 禾 禾 和 和 和

ことばのれい

和平《わへい》・和解《わかい》・和食《わしょく》・和紙《わし》・和歌《わか》・平和《へいわ》・不和《ふわ》・調和《ちょうわ》・温和《おんわ》

音訓《おんくん》さくいん

★知《し》りたいかん字《じ》のページを、ここでしらべることができます。
★数字《すうじ》は、そのかん字《じ》がのっているページです。
★ひらがなは「訓《くん》よみ」、カタカナは「音《おん》よみ」です。
★たとえば「あ・く」というように、線《せん》があるものは、線《せん》のうしろが「おくりがな」です。
★（　）にかいてあるものは、小学校《しょうがっこう》ではならわないよみです。

あ

あい　相……131
（あきな・う）　商……116
アク　悪……16
あ・く　開……39
あじ　味……208
あじ・わう　味……208
あそ・ぶ　遊……217
あたた・かい　温……32
あつ・い　暑……112
あつ・まる　集……105
あぶら　油……215
あらわ・す　表……191
あ・る　有……216
アン　安……17
アン　暗……18

い

イ　医……19
イ　委……20
イ　意……21
いき　息……134
イク　育……22
いそ・ぐ　急……50
いた　板……184
いのち　命……209
イン　員……23
イン　院……24
イン　飲……25

う

（ウ）　有……216
う・える　植……120
う・ける　受……100
うご・く　動……170

きーる 着……150
(きわ-める) 究……49
ギン 銀……59

く

ク 区……60
ク 苦……61
グ 具……62
(グウ) 宮……52
くすり 薬……213
くば-る 配……177
くら-い 暗……18
くる-しい 苦……61
クン 君……63

け

(ケ) 化……36
ケイ 係……64
ケイ 軽……65
け-す 消……115
ケツ 血……66
ケツ 決……67
ケン 研……68
ケン 県……69

こ

コ 去……54
コ 庫……70
コ 湖……71
(ゴ) 期……47
コウ 向……72
コウ 幸……73
コウ 港……74
ゴウ 号……75
こおり 氷……190
こと 事……90
ころ-がる 転……161
ころ-ぶ 転……161
コン 根……76

さ

サイ 祭……80
さいわ-い 幸……73
さか 酒……99
さか 坂……183
さけ 酒……99
さ-す 指……86
さだ-める 定……157
(さち) 幸……73
さま 様……223
さむ-い 寒……41
さら 皿……81
さ-る 去……54

し

シ 仕……82
シ 死……83
シ 使……84
シ 始……85
シ 指……86
シ 歯……87
シ 詩……88
(シ) 次……89
ジ 次……89
ジ 事……90
ジ 持……91
(ジ) 仕……82
じ 路……234
しあわ-せ 幸……73
シキ 式……92
ジツ 実……93
しな 品……194

し-ぬ　死……83
しま　島……166
シャ　写……94
シャ　者……95
（シャク）　昔……129
シュ　主……96
シュ　守……97
シュ　取……98
シュ　酒……99
ジュ　受……100
シュウ　州……101
シュウ　終……103
シュウ　習……104
シュウ　集……105
（シュウ）　拾……102
ジュウ　住……106
ジュウ　重……107
シュク　宿……110
ショ　所……111

ショ　暑……112
ジョ　助……113
ショウ　昭……114
ショウ　消……115
ショウ　商……116
ショウ　章……117
ショウ　勝……118
（ショウ）　相……131
ジョウ　乗……119
ジョウ　定……157
ショク　植……120
しら-べる　調……155
シン　身……122
シン　神……123
シン　真……124
シン　深……125
シン　進……126
（シン）　申……121
ジン　神……123

す

ス　守……97
（す）　州……101
ズ　豆……165
すす-む　進……126
すべ-て　全……130
すみ　炭……147
（すみ-やか）　速……135
す-む　住……106

せ

セ　世……127
セイ　世……127
セイ　整……128
（セキ）　昔……129
ゼン　全……130

そ

ソウ　相……131
ソウ　送……132
ソウ　想……133
（ソウ）　箱……179
ソク　息……134
ソク　速……135
ゾク　族……136
そそ-ぐ　注……151
そだ-つ　育……22
（そな-わる）　具……62
そ-る　反……182

た

タ　他……140
ダ　打……141
タイ　対……142

タイ　待　143
タイ　代　144
ダイ　代　144
ダイ　第　145
ダイ　題　146
たい-ら　平　200
たす-ける　助　113
たび　旅　228
(たび)　度　163
たま　球　53
タン　炭　147
タン　短　148
(タン)　反　182
ダン　談　149

ち

ち　血　66
チャク　着　150
チュウ　注　151
チュウ　柱　152
チョウ　重　107
チョウ　丁　153
チョウ　帳　154
チョウ　調　155

つ

ツ　都　162
ツイ　追　156
(ツイ)　対　142
つか-う　使　84
つか-える　仕　82
つぎ　次　89
つ-く　着　150
つ-ぐ　次　89
(つど-う)　集　105
(つと-める)　勉　202

て

テイ　定　157
テイ　庭　158
(テイ)　丁　153
テキ　笛　159
テツ　鉄　160
テン　転　161

と

ト　都　162
ト　登　168
ド　度　163
と-い　問　211
トウ　投　164
トウ　豆　165
トウ　島　166
トウ　湯　167
トウ　登　168
トウ　等　169
と-う　問　211
ドウ　動　170
ドウ　童　171
(と-ぐ)　研　68
ところ　所　111
(ととの-う)　調　155
ととの-える　整　128
と-る　取　98
とん　問　211

な

なが-れる　流　227
な-げる　投　164
(なご-む)　和　235
なみ　波　176
なら-う　習　104

に

に 荷 …… 37
にが・い 苦 …… 61
にわ 庭 …… 158

ぬ

ぬし 主 …… 96

ね

ね 根 …… 76
ね・る 練 …… 233

の

ノウ 農 …… 172
のぼ・る 登 …… 168
の・む 飲 …… 25
の・る 乗 …… 119

は

ハ 波 …… 176
は 歯 …… 87
は 葉 …… 221
ハイ 配 …… 177
バイ 倍 …… 178
はぐく・む 育 …… 22
ば・ける 化 …… 36
はこ 箱 …… 179
はこ・ぶ 運 …… 26
はし 橋 …… 55
はじ・める 始 …… 85
はしら 柱 …… 152
はた 畑 …… 180
はたけ 畑 …… 180
ハツ 発 …… 181
はな 鼻 …… 188
はな・す 放 …… 203
はな・つ 放 …… 203
はや・い 速 …… 135
ハン 反 …… 182
ハン 板 …… 184
（ハン） 坂 …… 183
バン 板 …… 184

ひ

ヒ 皮 …… 185
ヒ 悲 …… 186
ビ 美 …… 187
（ビ） 鼻 …… 188
ヒツ 筆 …… 189
ひつじ 羊 …… 219
ひと・しい 等 …… 169
ヒョウ 氷 …… 190
ヒョウ 表 …… 191
ビョウ 秒 …… 192
ビョウ 病 …… 193
ビョウ 平 …… 200
ひら 平 …… 200
ひら・く 開 …… 39
ひろ・う 拾 …… 102
ヒン 品 …… 194

ふ

フ 負 …… 195
ブ 部 …… 196
ふえ 笛 …… 159
ふか・い 深 …… 125
フク 服 …… 197
フク 福 …… 198
ブツ 物 …… 199

むかしのかん字《じ》

（3年《ねん》生《せい》の200字《じ》）

うすい色《いろ》で、いまのかん字《じ》が入《はい》っているところは、白川博士《しらかわはかせ》の字書《じしょ》にむかしのかん字《じ》がない文字《もじ》です。

悪

安

暗

医

委

意

育

員

院

飲

運

泳

駅

央

横

屋

温

化

荷

界

開

苦

去

期

階

具

橋

客

寒

君

業

究

感

係

曲

急

漢

軽

局

級

館

血

銀

宮

岸

決

区

球

起

式

始

号

研

実

指

根

県

写

歯

祭

庫

者

詩

皿

湖

主

次
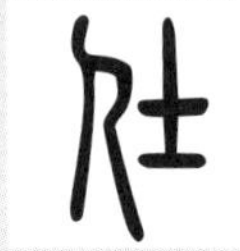
仕

向

守

事

死

幸

取

持

使

港

身

消

住

酒

神

商

重

受

真

章

宿

州

深

勝

所

拾

進

乗

暑

終

世

植

助

習

整

申

昭

集

丁

題

族

昔

帳

炭

他

全

調

短

打

相

追

談

対

送

定

着

待

想

庭

注

代

息

笛

柱

第

速

板
配
湯
鉄
皮
倍
登
転
悲
箱
等
都
美
畑
動
度
鼻
発
童
投
筆
反
農
豆
氷
坂
波
島

有
命
福
表
遊
面
物
秒
予
問
平
病
羊
役
返
品
洋
薬
勉
負
葉
由
放
部
陽
油
味
服

様

落

流

旅

両

緑

礼

列

練

路

和

おとなの方へ

☆この本には、小学校学習指導要領（国語）にもとづく3年生の配当漢字200字がおさめられています。

☆配当漢字表とおなじ、音読みのアイウエオ順に配列した構成となっています。

☆本書の「むかしのかん字」は、白川静『新訂 字統』（平凡社）を参考に、金子都美絵がかきおこしたものです。甲骨文字・金文・篆文のなかから、なりたちが理解しやすいものを選んでいます。古代文字の資料が白川字書にない文字については、「むかしのかん字」は空欄になっています。

☆大きな見出し字についている訓読み・音読みのうち、（　）内は中学校以上でならう読み方です。

☆部首の分類方法は、辞書や教科書によって少しずつ異なります。また、部首名についても、たとえば、辶は「しんにゅう」「しんにょう」、攵は「ぼくにょう」「のぶん」「むちづくり」、行は「ぎょうがまえ」「ゆきがまえ」など、いくつかの呼び名が使われているものがあります。

☆この改訂版では、コラムページの漢字に配当学年（丸数字）の表記を加えました。また、読み・用例について、新学習指導要領で加わった読み方もふくめ、いくつかの補足をしました。

シリーズ主要参考文献
白川静『新訂 字統』『字通』『常用字解』（平凡社）
宮下久夫・篠崎五六・伊東信夫・浅川満「漢字がたのしくなる本」シリーズ（太郎次郎社エディタス）

☆著者紹介

伊東信夫 ……いとう・しのぶ

漢字研究家、教育実践者。一九二六年、山形県生まれ。
一九四七年から九一年まで、長く教職にたずさわる。
六〇年代より、研究者と教師の共同研究をもとに、
「漢字」「かな文字」学習の体系化をはじめとする実践的方法論を探究。
つねに子どものまえに立ち、多くの教材を創案してきた。
八〇年代後半より白川文字学に学び、また直接教えを受け、
通時性をもつ豊かな漢字の世界を伝えるために研究をつづける。
著書に『成り立ちで知る 漢字のおもしろ世界』全七巻（スリーエーネットワーク）、
『あいうえおあそび』上下巻、「漢字がたのしくなる本」全シリーズ（共著）、
『漢字はみんな、カルタで学べる』（以上、小社刊）などがある。

金子都美絵 ……かねこ・つみえ

イラストレーター。民話や神話を題材にした絵画作品を数多く制作。

二〇〇〇年頃より白川静氏に私淑し、古代の漢字世界を描きはじめる。

影絵的な手法で「文字の場面」を表現する独自のスタイルを確立。代表作として
『〔白川静の絵本〕サイのものがたり』『〔白川静の絵本〕死者の書』（以上、平凡社）、

『絵で読む漢字のなりたち』『〔文字場面集〕一字一絵』（以上、小社刊）がある。

書籍・教具の絵の仕事に『漢字がたのしくなる本』（テキスト）全六巻、

『新版 101漢字カルタ』『新版 98部首カルタ』（以上、小社刊）など。

白川静文字学に学ぶ
漢字なりたちブック 3年生［改訂版］

二〇一八年十月 十 日　初版発行
二〇二四年十月三十日　第七刷発行

著者　伊東信夫
絵　金子都美絵
デザイン　後藤葉子
発行所　株式会社　太郎次郎社エディタス
東京都文京区本郷三-四-三-八階　郵便番号一一三-〇〇三三
電話　〇三（三八一五）〇六〇五　ファックス　〇三（三八一五）〇六九八
http://www.tarojiro.co.jp/　電子メール　tarojiro@tarojiro.co.jp
編集担当　北山理子
組版　滝澤博（四幻社）
印刷・製本　精興社
定価　カバーに表示してあります

ISBN978-4-8118-0573-3　C6081

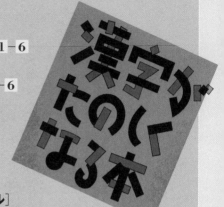

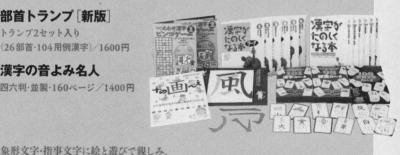